歴史は景観から読み解ける

はじめての歴史地理学

上杉 和央
Uesugi Kazuhiro

Historical Geography

著者紹介

作田 龍昭（さくた・たつあき）

▶1952年生まれ、兵庫県出身。大学卒業後、大手エネルギー会社に勤め、定年後は人事コンサルティング事業を営む。高校のクラブ活動をきっかけに地理の魅力に取りつかれ、それ以来独学を重ね、地理を「趣味」としてまち歩きに没頭する。日本中を歩き回り、徒歩による日本横断も3回達成した。

1996年、地理好き社会人のクラブ「地理の会」（登録メンバー約100名）を設立し、代表を務めた。現在は、地域ボランティアガイドとして、地元を学び直す活動や新しいまち歩きスタイルの研究、地理をより身近にする活動支援などに携わっている。日本地理学会会員。

◉── 装丁・本文デザイン　八木 麻祐子（Isshiki）
◉── 装画　福士 陽香
◉── 本文DTP　八木 麻祐子+戸塚 みゆき（Isshiki）
◉── 校正　曽根 信寿

地理《ちり》マニアが教《おし》える 旅《たび》とまち歩《ある》きの楽《たの》しみ方《かた》

2021年　6月25日　初版発行

著者　作田《さくた》 龍昭《たつあき》
発行者　内田 真介
発行・発売　ベレ出版
〒162-0832　東京都新宿区岩戸町12 レベッカビル
TEL.03-5225-4790　FAX.03-5225-4795
ホームページ　https://www.beret.co.jp/
印刷　株式会社文昇堂
製本　根本製本株式会社

ISBN 978-4-86064-659-2 C0025　編集担当　森 岳人

はじめに

私は現在、京都に住んでいます。大学進学にあたって京都で一人暮らしをはじめ、大学院も最初の職場も、そして今の職場もずっと京都。気が付けば、生まれ故郷の香川で住んだ年月よりも京都暮らしのほうが長くなっています。ずっと京都に暮らすことになるとは夢にも思いませんでしたが、歴史の色濃く残る京都で日々を過ごせることは、決して悪いことではありません。いや、歴史に関心を寄せる者にとって、それは幸せなことです。

同じような気持ちは、私の所属する京都府立大学文学部歴史学科の学生も持っているようです。歴史学科には毎年、全国から学生が入学してきてくれますが、志望動機は「京都で歴史を学びたいから」という学生がたくさんいるからです。全員が研究者になるわけでは決してありませんが、確かに、歴史の好きな学生にとって、京都は魅惑的な土地だと思います。

ただ、こうした学生とは違い、私自身は「京都で歴史を学びたい」と思って京都の大学への進学を決めたわけではありません。正直に言えば、そうした気持ちはみじんもありませんでした。というのも、高校生の頃の私は歴史にはほとんど興味がなく、高校でも日本史の授業は選択していませんでした。当時の私が好きだったのは「歴史」ではなく、「地理」です。「京都で地理を学びたい」という奇特な（?）青年だったのです。

そんな青年がなぜ歴史に興味を持つようになったのか。それは「歴史」と「地理」は、二者択一のものではなく、密接に関わる運命共同体、いわば一蓮托生の間柄だということに気が付いたからです。京都に来て最初の衝撃が、まさにこの発見でした。実際は自分で気が付いたのではありません。「歴史」と「地理」の交差点に立ち、全体を見渡す学問――歴史地理学――に出会ったからです。高校生の頃はまったく知りませんでしたが、京都はこの歴史地理学の盛んな地域の一つでした。今でも、おそらくそれは変わりません。そうした地で研究できるのは、歴史地理に関心を寄せる者にとって、とても幸せなことです。

歴史地理学の古典的なテーマの一つに景観の歴史、というものがあります。ここには、平安京の時代の京都を復原するといったように、過去の特定の時点の景観を復原するという視点と、古代から近世にかけての京都の変遷といったように、景観変遷をとらえる視点の大きく二つが含まれています。これは地域の個性とその変化をたどることに他なりません。また、現在の景観から過去の景観をとらえるといったような「現在→過去」といった方向の視点もあります。こうした視点を時と場合によって使い分けながら、日々どこかの地域の景観の歴史と戯れる。それが歴史地理学の一つの側面です。

ただ、こうした方法は必ずしも専門的なスキルを高度に身に付けていないとできないというものではありません。もちろん、詳細な検討となれば個別の史資料やデータと格闘しなければなりませんので、さすがに専門家でないと無理ですが、景観の大きな変化や場所の個性の抽出といった点については、少しの知識と少しのノウハウがあれば、誰でも取り組むことができます。たとえば、現在、小学校の社会科の授業で最初におこなうのが小学校区の「まち探検」です。これは地域の個性を探ることに他なりません。そこに「昔からあった神社について知ろう」、「この施設はいつからあるのか聞いてみよう」といった調べ方を取り入れるのであれば、それはまさに歴史地理学の第一歩です。景観の歴史を知ることと、地域の個性を知ることとは、大きく重なる部分があります。小学生は自分のまちを学びますが、中学、高校、そして大学となるにつれて、いろいろな地域の個性に関心が広がっていきます。そうした関心に応えてくれる、とりわけ歴史との関わりで応えてくれるというのが、歴史地理学なのかもしれません。

本書は、そうした景観や地域の個性を読み解く歴史地理学的アプローチのいくつかを紹介しようと思います。理論的、もしくは方法論的に書くことも考えましたが、それは大学や大学院に来て学べばよいこと。それよりもいろいろな事例を紹介していくなかで、そうした読み解き方のノウハウを知ってもらうほうがよいと思い、基本的にはある場所の景観を読み解いていく、というスタイルにしています。もちろん、その場所についての知識を得るための本として利用してもらってもいいですが、読み解き方にも気を配ってもらえると嬉しく思います。

また、2005年以降、景観や地域の個性に価値を認め、文化財（文化的景観）として選定する動きが活発になっています。２０２０年8月現在、国内には65件の重要文化的景観がありますが、選定された地域では自分たちの場所の個性を大切にした地域づくりをし始めています。文化的景観の選定にあたっては、さまざまな分野からの調査や検討が必要であり、歴史地理学の視点だけでどうにかなるものではありませんが、今後、景観や地域の個性を語るには、この文化的景観についての理解は不可欠だと思いますので、本書の後半では私が調査や検討に携わった文化的景観のなかからいくつか取り上げて、紹介することにします。

なお、事例地を挙げて説明するという手法では、どうしても漏れ落ちる視点もあります。また、景観の理解と密接に結びつくものとして、景観イメージであったり、風景観であったりといった側面もあります。これらについては、コラムとして短くまとめることにしました。箸休めとして気軽に読んでいただければ、と思います。

目次

歴史は景観から読み解ける ―はじめての歴史地理学

第1章 歴史と地理の交差点

Intersection of history and geography

日常の交差点

まずは、日頃見ている景観からどういった歴史と地理が広がっていくのかについて、一つの例を取って紹介します。

図1‐1を見てください。別に「ここはどこでしょう」というクイズをするつもりはありません。この場所は香川県高松市、高松駅近くの交差点です。高松市に行ったことのない人は、もちろん初めて見ると思いますが、日本の地方都市であればどこにでもありそうな風景ですし、それほど違和感はないと思います。

私にとっても、まったく特別なところはない普通の風景でした。実はこの交差点、私の高校時代の通学路にあったものなのですが、私は高校3年間（正確には浪人時代を含めた4年間）、何も意識することなく、この交差点を通っていました。この写真は2019年に撮影していますので、私の思い出の風景とは少し違っています。とはいえ、もう高校時代の記憶

1-❶ 何気ない交差点の風景（筆者撮影）

もだいぶ彼方に遠ざかっており、普段の通学路の風景などは正確に思い出せないくらい、色あせています。毎日通る当たり前の道だったからこそ、かもしれません。皆さんのいつも通る場所にも、気にとめない普通の風景がたくさんあると思います。この写真は、そうした当たり前を切り取った1枚だと思ってください。

ただ、そうして何気なく通っている場所も、本当はオンリーワンの特徴を持っています。どこにでもありそうですが、ここにしかない風景です。たとえば、この交差点、よく見ると少し変わっています。写真で奥に進む太い道が通学路だったのですが、その左側、ガソリンスタンドとの間に「細い道」があります。そのため、ここは一般的によく見られる十字路の交差点ではなく、変則的な五差路の交差点となっているのです。さぁなぜ、この交差点は変則的なのでしょうか。「はぁ？」と思う方もいるかもしれません。高校時代の私もそうでした。交差点が十字路でも三差路でも五差路でも、別にどうでもいいことです。それに疑問を持つこと自体、まったくありませんでした。道がそこにある、だから進むのだ。高校時代の私にとって、道や交差点は所与のものであり、考える対象ではなかったのです。

皆さんも普段の生活で通っている交差点を思い出してみてください。「なぜ、この交差点は十字路なんだろう」とか「なぜ、ここに交差点があるのだろう」といった疑問を持ちながら、交差点を歩いたことはありますか。

こうした疑問は、もしかしたら日常生活に必要ないものかもしれません。実際、そうした疑問を持たずにこれまで生きてこられたわけですから。しかし、一度こうした方向性への疑問に目覚めると、そこにはとても豊かな世界が現れます。日常生活の周りには知的好奇心を刺激する景色にあふれているのです。本書では、そうした疑問の持ち方や疑問の解き方のいくつかを紹介しようと思います。本当であれば、皆さんの身近な場所を事例にすればいいのだと思いますが、皆さん一人ひとりの身近な場所を訪ね歩くことは残念ながらできません。そのため、私の知っている事例をいくつか紹介していくなかで、皆さんの景観読解スキルを少しずつ上げていくお手伝いができればと思います。

歩く目線と地図の目線

　さて、先ほどの交差点について、もう少し紹介することにしましょう。図１‐２は国土地理院の作成している地理院地図から高松市中心部を示したものです。高松は戦国時代に生駒《いこま》氏の作った城下町が直接のベースとなって展開している都市です。城下町時代に直行する整然とした街路整備がなされましたので、現在も市街地の交差点の多くは十字路となっていることが分かります。そのなかで数少ない変則的な交差点、それが図１‐１の写真の場所だということになります。さて、どこか分かるでしょうか。

1-❷ 高松市中心部（地理院地図（淡色地図）を利用して作成）

　地図の左上（北西）付近に「高松駅」という文字があります。その右下（南東）方向に「西内町」という町名が表記されていますが、その中間に比較的大きな交差点があると思

1-❸ 交差点と写真撮影の方向（地理院地図（淡色地図）を利用して作成）

います。そこが図1‐1の交差点で、写真は交差点から南方向に撮影したものとなっています。「西内町」という文字に隠されてしまって見えにくくなっていますが、確かにそこが変則的になっていることが分かりますね。

やはり、少し「西内町」が邪魔なので、より詳細な地理院地図を載せることにします（図1‐3）。写真の方向を矢印で示しています。矢印の先、南南西に向かう幅の広い道が私の通学路です。それに対してその横の南南東に向かう道が、図1‐1で見たガソリンスタンド横の細い道です。

どうですか。何か気付くことはあるでしょうか。地図をよく見ると、細い道に並行する道がありますね。他の道とは方向が違っていますし、きれいな並行となっているのですぐに目を引く不思議な道です。

古い地図をたどる

では、この交差点の不思議の起源を訪ねるために、古い地図を確認してみることにしましょう。

私の手元に大正12年（1923）に駸々堂《しんしんどう》旅行案内部が刊行した『高松市新地図』という地図があります。その部分図を示します（図1‐4）。マルで囲んでいる部分が、問題の交差点の位置なのですが、交差点の形が違っています。ないのは私の通学路です。実は、通学路として使っていた道は戦後の都市計画のなかで生まれた道でした。あの交差点が変則的になったのは、戦後だったのです。城下町由来の都市だからといって、すべてが城下町時代に遡るわけではありません。

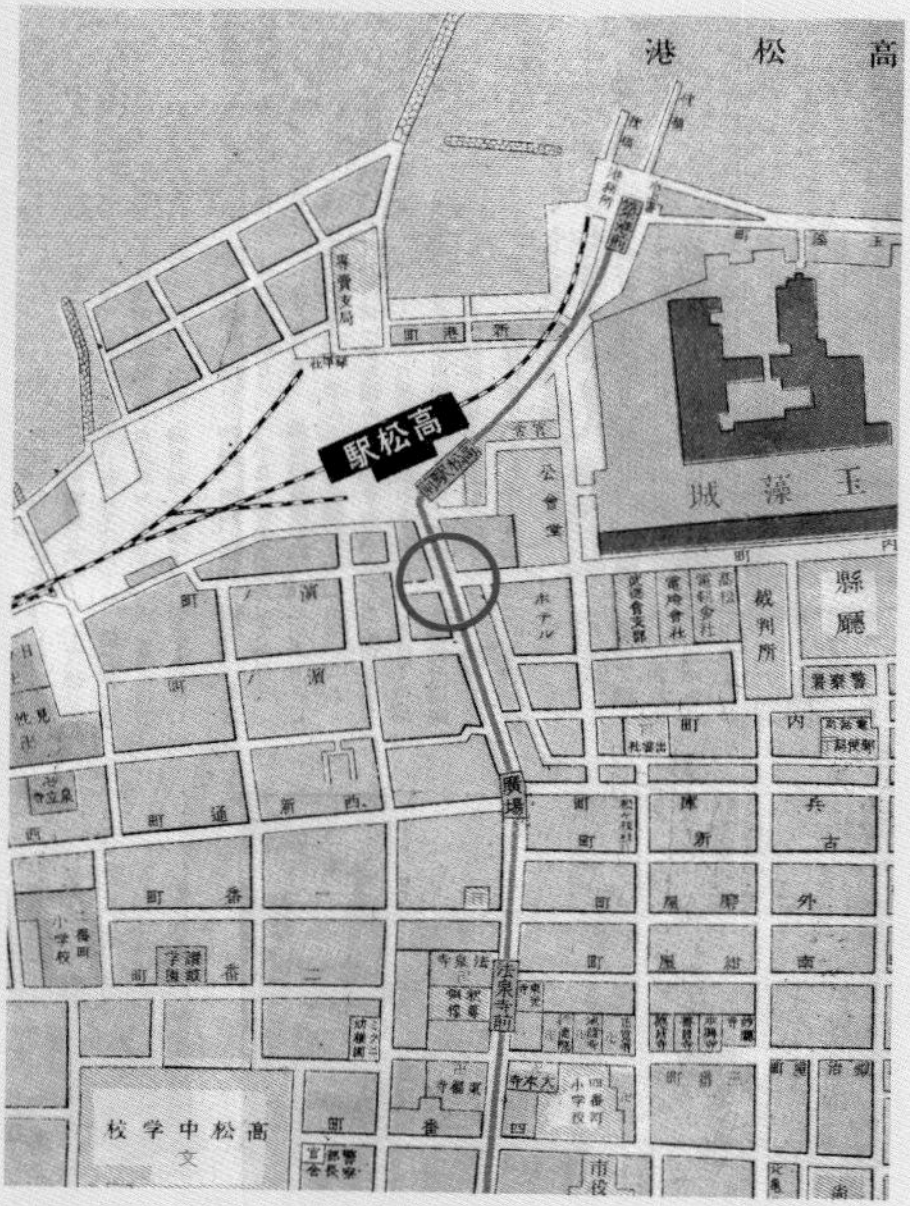

1-❹ 大正期の地図にみえる交差点『高松市新地図』（駸々堂旅行案内部、1923年刊）（所蔵：京都府立大学）

もう一つ、この図で気が付くのは、図1‐1に写るガソリンスタンド横の「細い道」に朱線が引かれていることです。この地図で朱線は電車軌道を意味しますので、この時代、あの道に電車が通っていたことになります。高松で私鉄といえば「ことでん」（高松琴平電鉄）が有名です。現在の「ことでん」は高松築港駅から高松城跡を回り込んだ後に南下していくルートとなっていますが（図1‐2参照）、戦前は築港から高松駅前を通過し、その前の通りを南下していくルートとなっていました。「細い道」と思っていたあの道は、往時、駅前の目抜き通りだったわけです。戦争中、空襲によって市街地が大きな被害を受け、私鉄路線も復旧困難となりました。戦後、戦災復興のための都市計画が実施され、いくつかの道路が敷設されるとともに、私鉄路線のルート変更が起きたのです。そのなかで大きく変化した場所の一つがあの交差点でした。

さて、図1‐4を見ると「細い道」は、やはり周囲の道とは方向が違っています。高松駅に直交する形で延びているので、たとえば高松駅の敷設に合わせてこの道が開通したという予想を立てることが可能です。実際、日本各地の都市に、そうした事例をいくつも確認することができます。

ただし、それだと説明しにくい点があります。それは先ほど確認した「細い道」に並行する道の存在です。図1‐4にも「細い道」の右（東）に並行する道が明確に描かれています。ですので、この2本の道の間を電車が通っていたわけではなく、あくまでも「細い道」の方に線路が敷設されていたことになります。また、この並行する道路は途中で東に折れており、

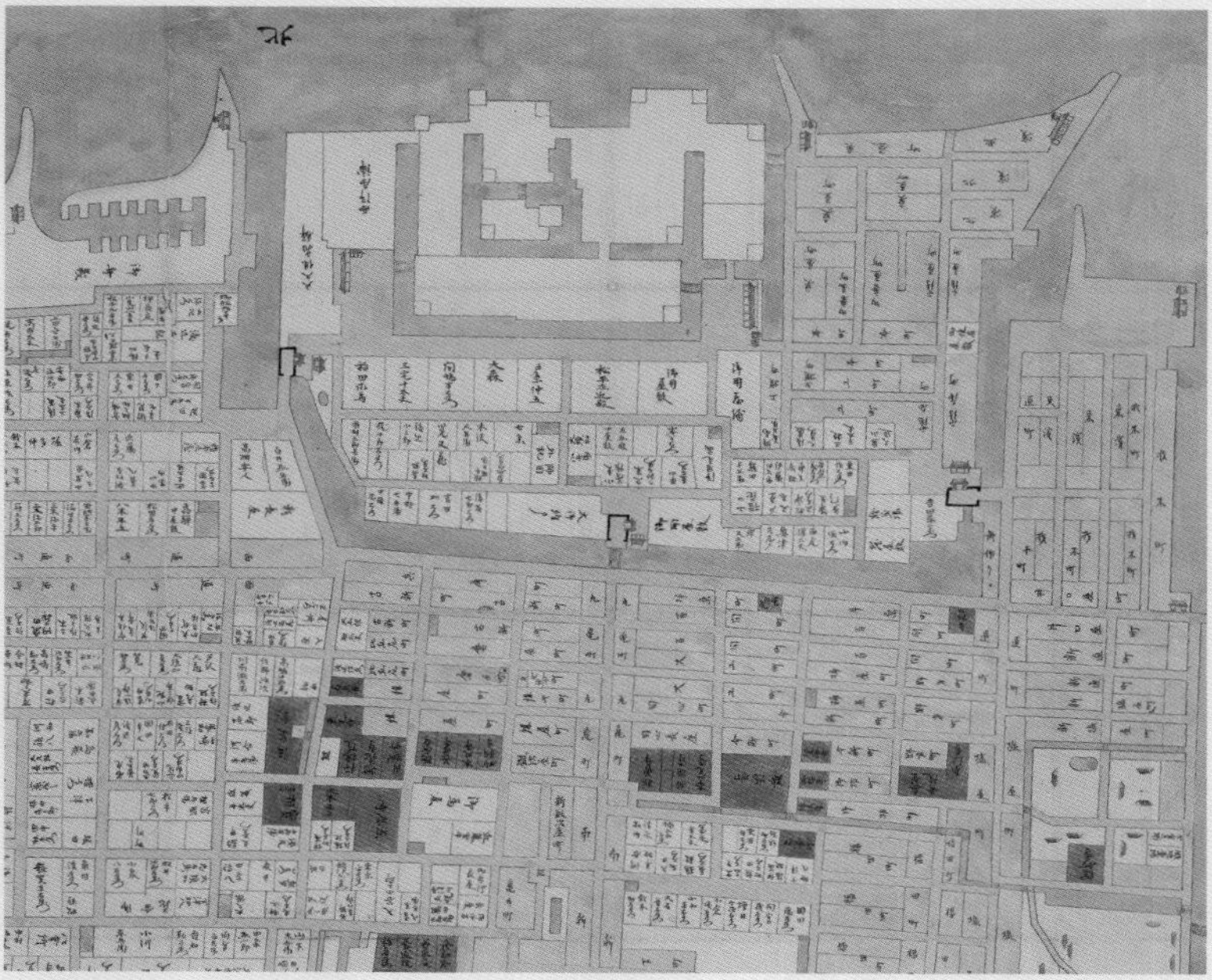

1-❺享保年間の高松城下（『享保年間高松城下図』（昭和期複写）所蔵：高松市歴史資料館）

どうも近代の駅前開発に合わせてできた道路には見えません。東に折れてもなお並行していますのでとても奇妙です。

そこで、もっと遡って城下町時代の地図を確認することにします。先に触れたように、高松城下町の基盤は戦国時代に生駒氏によって築かれました。17世紀中頃になると、藩主は松平氏へと変わりますが、松平氏も生駒氏時代の都市の骨格を維持して支配しました。

図1‐5に示したのは、享保年間（18世紀前半）の高松城下町を描いた絵図を複写した図の一部です。海城である高松城の特徴や、整然と整備された街路の様子がよく分かります。さて、図1‐1に示した写真を撮った場所がこの絵図の中に含まれているのですが、どこか分かり

1-❻ 13世紀後半から16世紀後半の地形
（松本和彦（2009）をもとに地理院地図（淡色地図）を利用して作成）

ますか。図1-2や図1-4も参考にしながら見つけてみましょう。

高松城は海水の入り込む堀によって囲まれていますが、もっとも外側の堀と城下町との間には東・西・南の3か所に橋が架かっていました。そのうち、西側の橋の架かっているあたり、そこが写真の場所となります。そうです、実はあの「細い道」は、高松城の外堀のラインに起源を持つ道だったのです。東に並行する道との間が外堀だったということになります。そう思って図1-2や図1-4を見てみると、外堀のラインが浮かび上がってきませんか。

当然、次に浮かぶ疑問は、外堀

がそこに配置された理由です。それは生駒氏が城下町を築いていく直前の地形条件が関係していると考えられます。図1‐6は発掘成果をもとに、13世紀後半から16世紀後半（高松城築城期）の地形を復原したものです。高松城が置かれた場所の東西には二つの旧河道が確認されていますが、そのうち西側の河道（摺鉢谷川《すりばちだにがわ》）の河口がちょうど写真を撮った位置に重なってきます。城を築くにあたり、治水は極めて重要な事項ですから、地形条件を考慮して城や堀の位置が決められたことは想像に難くありません。そうした河道と陸地化した微高地との境界付近があの場所だったということになります。

南方向以外の道の由来

交差点の歴史を見てきましたが、実は交差点の南方向の道にしか着目していません。これだけでは交差点の説明にはなっていませんので、それ以外の方向についても、簡単に見ておきましょう。

交差点から見て東方向の道は、図1‐4の大正年間にはすでに確認することができます。城郭部分の中堀に沿った東西路で、登城の際に必ず通過する高松城内においてもっとも重要な道です。図1‐4を見ると、近代においても裁判所や県庁、公会堂などが立ち並んでおり、公的な施設の集まる地区の中心軸として機能したことが分かります。こうした道の特徴は、現在も一部残っているように思います。というのも、この東の道沿い、もしくはごく近

1-❼ 1975年の交差点
(国土地理院撮影空中写真(1975年3月2日、CSI747 C5-29))

接した場所には、警察署や検察庁、裁判所、日本銀行などが立地しているからです。

次に交差点の西側を見てみましょう。図1－4を見ると、西方向に大きな道は延びていないことが分かります。道が延び、図1－2のようになるのは、昭和40年代以降の海岸付近の埋め立てが盛んとなり海岸沿いの東西路が整備されるようになってからです。ただ、西側の道は交差点直後に少し北に向きを変えており、ここにも「なんでだろう?」という疑問を抱くことが可能です。

この背景には道路整備に既存道路を利用したという歴史があります。実際に交差点よりも西側の道路が拡幅されたのは昭和50年(1975)頃でした。図1－7は昭和50年3月2日に撮影された空中写真です。西側には線路を越える高架橋がすでにつけられており、後は交差点までの部分の工事を残すのみというタイミングであることがうかがえます。そして工事が残されている部分には、北側に既存道路を確認することができますね。これは近世にまで遡る道です（図１‐４参照）。この道を利用する形で道路整備が計画されたため、交差点西側では、道路が少し北側に曲がったのです。

最後に北側です。北側の方向は、「細い道」の方向に一致していますが、江戸時代の外堀の角度は違っています。ですので、近代になって、外堀が埋められ、また高松駅前の道として整備されるなかで造られていったことになります。その後しばらくは変化がなかったのですが、２０００年代になり高松駅周辺の再開発が進められるなかで、高松駅北側に抜けるための地下道が造られました。交差点のなかで近年もっともその様相を変化させたのは、この北側だということになります。

場所の歴史

こうしてみると、あの変則的な交差点の成り立ちには、次のようないくつかの歴史的背景が絡み合っていたことが分かります。

・中世の河道と微高地の境界だったこと
・戦国期に生駒氏が高松城の外堀に旧河道を利用したこと
・近世の松平氏も生駒氏の都市計画を踏襲したこと
・近代に外堀が埋められたこと

・高松駅前の道となり、私鉄路線が敷設されたこと
・空襲で市街地が大きな被害を受けたこと
・戦後復興の都市計画で道路が敷設されたこと
・２０００年以降、高松駅周辺の再開発が進められたこと

細かくみていけば、もっと多くのことを指摘できるのですが、大きな流れとしてはひとまずこれくらいでよいでしょう。いずれにせよ、一つの交差点の写真からのふとした疑問からであっても、これだけの歴史に出会うことができるのです。

しかも、交差点を知ろうと思うと、中世から現在までを貫く形で見ないといけないことがわかりました。こうした視点は、「近世史」や「近代史」といった時代ごとに区切った見方からは出てこないものです。そうではなく、一つの場所に積み重なった歴史をひも解いていく作業と言えるでしょう。

こうした理解に至った発端は、「なぜだろう」という疑問の感覚です。こうした感覚を高校生の時に持っていれば、どれだけ通学が楽しかったでしょう。変則的な交差点であったり、道が少し曲がっていたりすることは、普段の生活のなかで知っていたはずです。ただ、そこに疑問を持つことが、あの時の私には残念ながらできませんでした。それでも、大学に入り、こうした日常から広がる知的刺激の魅惑に気付くことができたのは、幸運だったのかもしれません。

皆さんも、ご自身の通学路を思い出してみてください。通学路でなくとも構いません。昨日歩いた道でも、今日さっきまで歩いていた道でもいいのです。普段使っている道に、何かしらの意識を向けることはありますか。知的刺激の「種」は、毎日の生活のなかにあふれています。その種に気が付くかどうか、それが分かれ目でしょう。気が付いてさえしまえば、あとは水をやり、育てていけばいいだけです。もちろん、どのように水をやればいいのか、温度や光はどうすればいいのか、そうした育て方は種によってそれぞれ違います。そのすべてを紹介するのはとても無理ですが、そうした育て方のいくつかについて、本書では取り上げていきたいと思います。

松本和彦（２００９）「野原の景観と地域構造」（市村高男ほか編『中世讃岐と瀬戸内世界』岩田書院）

コラム1 昔ばなしの語るもの!!

むかしむかしある所に
おじいさんとおばあさんが
住んでいました
おじいさんは山へ柴刈りに
おばあさんは川へ洗濯に行きました

よく知られた桃太郎の冒頭です。明治期の作品を見ると、「むかしむかしぢぢいとばばあがありて……」となっており（図1C-1）、「むかしむかしある所に……」という始まり方は、必ずしも昔から続く言い方ではないことが分かります。ただ、その後に続く文章や挿絵を見ると、山へ柴刈りに行くことや、川へ洗濯に行くことは同じです。柴刈りを「芝刈り」と間違えている人がいるかもしれませんが、この挿絵を見ると、柴刈りが薪拾いの意味であることが分かるでしょう。

今となっては、おじいさんが川の仕事で、おばあさんが山の仕事でも一向にかまわないようにも思いますが、小さい頃はこうしたジェンダー的な役割分担に疑問を持てるような知識はありませんでした。思えば、幼少の頃から、いろいろなステレオタイプが刷り込ま

1C-❶ 明治期の桃太郎の挿絵
(『桃太郎一代記』(木村文三郎、1882年刊)
所蔵：国立国会図書館)

れているわけです。昔話は、そうした「定型」を無意識のうちに教え込むのに最適な道具でした。

　昔話によって刷り込まれる一つに地理的な環境というのもあります。桃太郎の冒頭に登場する場所は、「山」と「川」でした。先行研究によると、江戸時代の作品には、おじいさんが山ではなく野で耕作をしているヴァージョンもあるようですが（小池１９６７）、現在は山に行くことが一般化しています。

　何を当たり前なことを言っているのだ、と思うかもしれませんが、この山があり、川がある、というのは、世界的にみれば、決して当たり前ではありません。山地のない地域はたくさんありますし、日本のような急峻な山地が至る所にある国のほうがむしろ珍しいかもしれません。また、たとえ川が流れていても、その源流域は（確かに源流域は山になっていることは多いわけですが）はるか数百キロ先で、川の周辺は見渡す限り平野が続いている、といった地域もたくさんあります。また、砂漠をイメージすると分かりやすいですが、川が数百キロメートルにわたって見当たらない地域もあります。山や川が日常にあるというのは、一般的ではないのです。

そういえば、桃太郎は大きくなると、鬼ヶ島に鬼退治に行きます。途中で犬・雉・猿に出会うほどには旅をするわけですが、それでも「海」までそれほど遠くない、という前提があるわけです。

こうした地理的な背景もまた、世界的にみれば一般的ではありません。太平洋と日本海に挟まれた本州の中で最大幅を測っても、300キロメートルほどしかありません。桃太郎はそうした国土環境だからこそのストーリーだということになります。

他の昔話の舞台はどうだったでしょうか。たとえば浦島太郎は海や水辺、金太郎は山と里ですね。また、こぶとり爺さんでは山の中に分け入ります し、おむすびころりんも、おむすびが転がるための山が不可欠です。一寸法師はお椀の船を使って都をめざすので、やはり上流部にて育ったという設定が暗黙的に存在することになります。このように、日本の昔話の多くは、山や海が舞台背景に存在しています。

一方、世界の童話をみてみると、日本の昔話にはあまり登場しない舞台設定があることに気付きます。たとえば森です。グリム童話に載り、日本でも有名な白雪姫の場合、命を狙われそうになったときに白雪姫が逃げ込むのは森です。また、同じグリム童話の赤ずきんは、森の向こうのおばあさんの家に行く設定となっています。そして、眠れる森の美女（いばら姫）は、魔女の魔法で眠ってしまい、城がいばらの森に覆われてしまいます。

ドイツでは、森を意味するヴァルト（Wald）が地方名や集落名に使われていることがよくあります。ヴァルトは身近でありつつ、里とは異なる場所、畏怖の対象でした。そうした背景が森を舞台とした物語を生み出しています。

こうした、地理的な環境の違いが物語の舞台に影響を与えているわけです。おじいさんが柴刈りに行っている山は、深い森にはなりません。おじいさんが日々手を入れているので、光が差し込むような環境です。おむすびが転がっていくくらい、下草も刈られていたのでしょう。

山があり、川があり、海がある。私たちにとってみれば、当たり前のように思える環境も、世界的にみれば、決して当たり前ではないのです。

小池藤五郎（1967）「古文献を基礎とした桃太郎説話の研究（上）」、『立正大学文学部論叢』26。
小池藤五郎（1972）「古文献を基礎とした桃太郎説話の研究（下）」、『立正大学文学部論叢』45。

第2章 歴史の道をたどる

Trail of the historical path

前章では普段歩いている何気ない景観のなかに種を見つけ、それを歴史という方向から育てる一例を紹介しました。ただ、歴史という方向からの育て方にも、いくつか作法があり、景観によっても少しずつ違ってきます。たとえば、歴史的に意味ある道であることを明確に意識した調査というのもあります。その場合は、より実践的な踏査が重要となります。本章では、そうした歴史の道のたどり方の一例を紹介します。

銀の馬車道

2-❶ 日本遺産ロゴマーク

さて、２０１５年に「日本遺産」という枠組みがスタートしました。「地域の歴史的魅力や特色を通じて我が国の文化・伝統を語るストーリー」を日本遺産として文化庁が認定す

2-❷ 銀の馬車道「開墾の終わった西光寺野」
（出典：西光寺野普通水利組合事業 1915（大正4）年）

る、というものです。現在、日本遺産に認定された地域では、このストーリーに沿って、地域に残るさまざまな文化財群を整備・活用し、国内外に発信していく取り組みがなされています。日本遺産には共通のロゴマークが使用されていますので、見たことのある方もいるのではないでしょうか（図2-1）。

そうした日本遺産の一つに「播但《ばんたん》貫く、銀の馬車道　鉱石の道〜資源大国日本の記憶をたどる73㎞の轍〜」というタイトルの遺産があります。「銀の馬車道」という魅惑的な名前が目を引きますよね。遺産のある場所は播但。播磨《はりま》（国）と但馬《たじま》（国）の頭文字をとったもので、現在はいずれも兵庫県に含まれる地域です。播但の名称は、ＪＲ西日本の播但線や、播但連絡道路（播但道）といった一般有料道路の名称にも使われていますので、地域の人たちにはなじみ深い呼び方です。

遺産の中心たる銀の馬車道とは、兵庫県の中央部、現在の朝来《あさご》市にある生野《いくの》鉱山で産出された銀や銅を姫路の飾磨《しかま》港まで運び出すために造られた道のことです（図2‐2）。正式名称は「生野鉱山寮馬車道」ですが、ここでは日本遺産タイトルにも使われた通称名「銀の馬車道」を使っておきましょう。そして次の事例は、この銀の馬車道にまつわるものです。

生野鉱山の開発は中世に遡りますが、この銀の馬車道が造られたのは明治時代で、明治6年（1873）7月に着工、明治9年（1876）4月にほぼ完成しています。明治時代、政府は西洋の技術を取り入れつつ生野鉱山の再開発に乗り出しました。銀の馬車道自体もフランスから招聘した技術者のもと、マカダム式舗装という西洋でなされていた最新の舗装技術を取り入れた、日本初の西洋式道路として誕生しました。道幅は現在の単位で言えば5.4～10.8メートルに計画されていたようです。

このように、近代道路の原点ともいうべき、大事な歴史遺産なのですが、歴史の表舞台で主役として活躍した期間、つまり生野鉱山から産出された鉱石を運ぶ道として利用された期間は、それほど長くありませんでした。というのも、明治28年（1895）には播但鉄道による鉄道路線が飾磨駅と生野駅の間で全通し、輸送手段が馬車から鉄道へと大きくシフトしたからです（ちなみに、この鉄道路線が現在の播但線の基本となっています）。銀の馬車道が「鉱石の道」の主役の座にいたのは、20年足らずという短い期間だったことになります。そのためでしょうか。150年前という比較的新しい時代の道にもかかわらず、銀の馬車道に関する情報は、豊富に残されているとは言えません。

資料をみつける

さて、生野鉱山の位置する朝来市のすぐ南側に、神河町《かみかわちょう》という自治体があります。以前、神河町教育委員会の方たちと一緒に、銀の馬車道の痕跡をたどる調査をおこなったことがあります。踏査するためにはまずどこを歩くかを決めなければなりません。ただ、話を聞けば、神河町域、特に北部では播但線と銀の馬車道とが異なる谷筋を通過したこともあり、銀の馬車道がどこを通っていたのか、よく分からなくなっている場所もあるとのこと。西洋人技術者の記録のなかにあった銀の馬車道の計画図は知られていたのですが、簡略な地図だったため、ルートを現在地に当てはめることができませんでした。ということで、まずは銀の馬車道の記されている近代の地図を探すことにしました。

近代の地図としてよく利用されるのは、大きく分けて2種類あります。一つは「地籍図」と呼ばれる図で、地筆ごとの地番や地目の記された詳細な地図です。現在も法務局で各地の公図が保管されていますが、大まかに言えば、その古いものと考えておけばよいものです。

明治期に作られた地籍図は、比較的大縮尺で作られていますので、地域の歴史を探るに

2-❸ 5万分1地形図にみえる「銀の馬車道」
（国土地理院 5万分1地形図「生野」
（明治30年測図）を利用して作成）

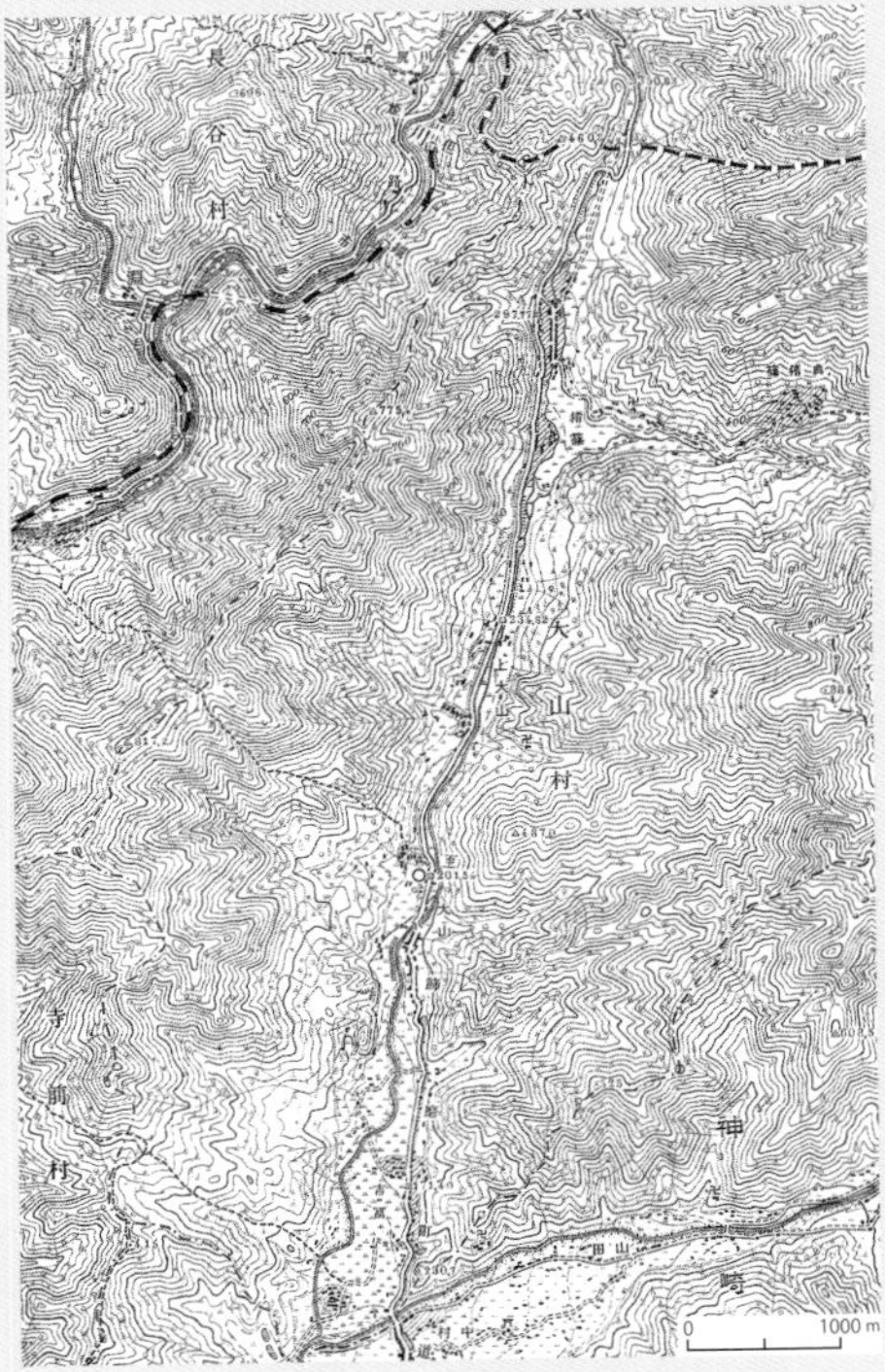

は最適です。ただ、地域によって保管状況がバラバラで、探すのが難しいという特徴もあります。公民館などに「写し」が保管されていたり、役所の倉庫に眠っていたりすることもありますが、すでに失われてしまった（少なくとも所在が不明になってしまった）地域も多数あります。また、測量の精度の問題もあり、現在地と照合するのが難しい場合もあります。

もう一つは、明治時代に作られた旧版の地形図です。現在の地形図は国土地理院が発行していますが、戦前までは陸軍の陸地測量部（ないしその前身）が地形図の作製、発行をおこなっていました。陸地測量部のものを含め、これまでに発行された旧版地形図については、国土地理院のウェブサイトでその図歴（地形図の発行された履歴）を確認することができます。また、同院にて旧版地形図の謄本の交付を申請することも可能です。

現在、日本の基本図となっている地形図の縮尺は2万5千分の1ですが、当初、陸地測量

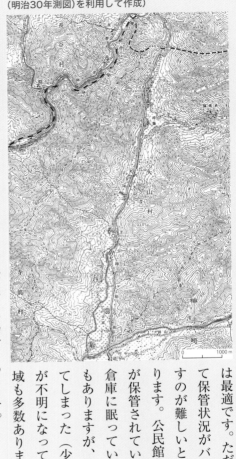

部は2万分の1の縮尺で全国の基本図を作ろうとしていました。しかし、それには膨大な時間がかかることもあり、明治33年(1900)以降は方針が転換され、5万分の1地形図を基本図とするようになります。

残念ながら神河町域では、適切な地籍図を確認することができませんでした。また、地形図の図歴を確認してみましたが、2万分の1の縮尺の地形図は作られなかったようです。ただし、5万分の1地形図であれば、明治30年(1897)に測図された版があります(図2-3)。播但鉄道の開通した直後の様子をとらえることができる資料です。確かに輸送の主役は鉄道に取って代わられていましたが、だからといって、直後に銀の馬車道が廃れてしまうわけはありません。しかも、銀の馬車道は国家事業で作られた後、明治12年(1879)に管理が県に移管されていました。地形図には「縣道」(県道)という地図記号がありますから、明確に示されるわけです。図2-3で右上(東北)から下中央に延びる谷筋に沿って2本線で示される道がありますが、それが銀の馬車道を示していることになります。

歩くための地図

こうして確実性の高い資料で確認したルートを現在の地図に書き入れてみると、ルートの残り具合が見えてきます(図2-4)。さあ、いよいよ踏査に出かけますが、その前に旅のお伴にする地図の確認です。

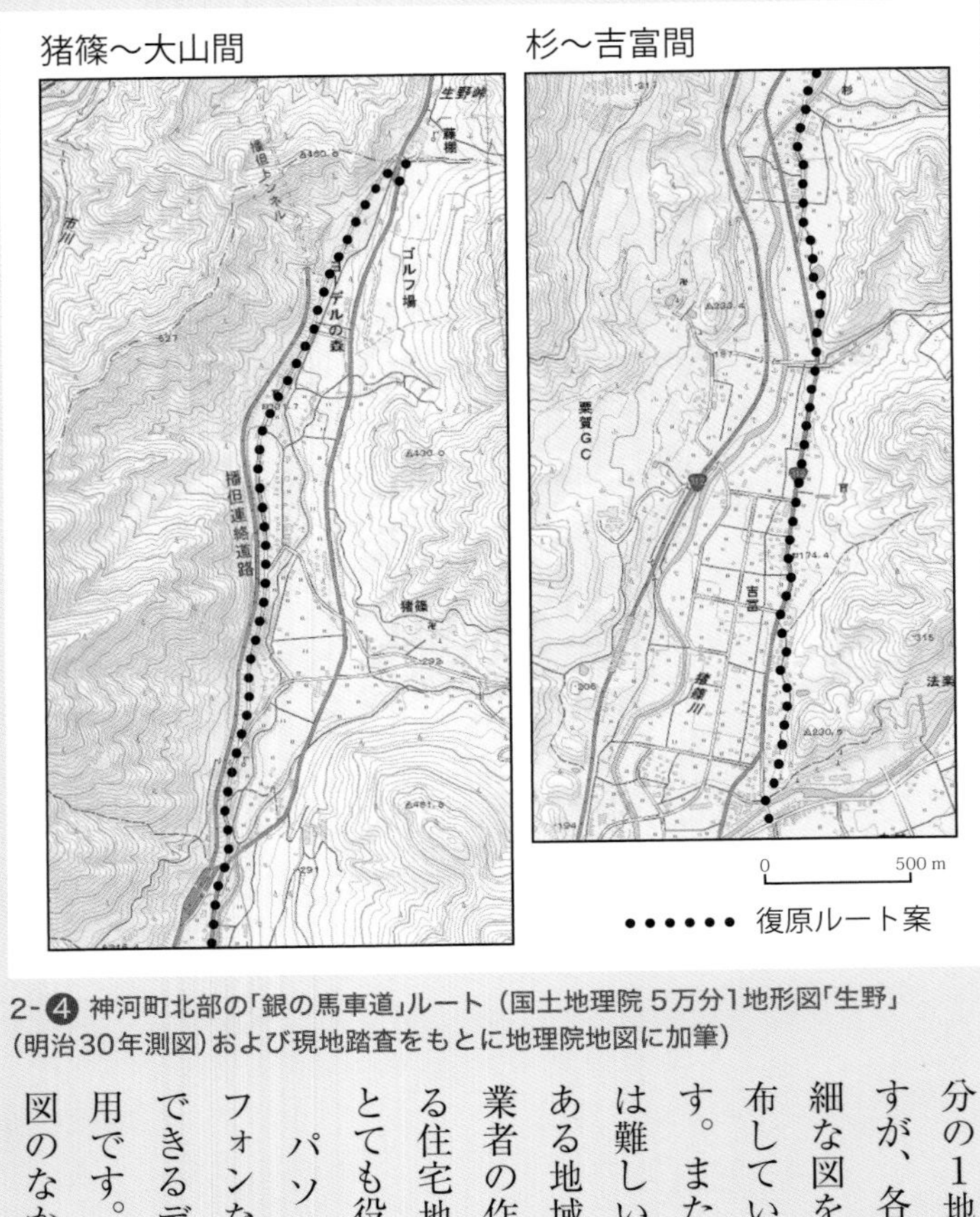

2-❹ 神河町北部の「銀の馬車道」ルート（国土地理院５万分1地形図「生野」（明治30年測図）および現地踏査をもとに地理院地図に加筆）

持っていく地図は2万5千分の1地形図でもよいですが、各自治体がより詳細な図を作り、一般に頒布している場合があります。また、山林部分などは難しいですが、集落のある地域であれば、民間業者の作製、発行している住宅地図も、踏査ではとても役に立ちます。

パソコンやスマートフォンなどで見ることのできるデジタル地図も有用です。特にデジタル地図のなかには空中写真と連動しているものもあり、地図を見慣れていない人には便利かと思います。ただ、調査の際は知り得た情報をその場で書いていく必要があります。その場合は、紙の地図のほうが何かと融通が利きますので、どちらも準備するとよいかと思います。

なお、自治体作製の地図の頒布については、自治体にその有無を尋ねてみる必要があります。住宅地図は書店やウェブサイトなどから購入可能です。また、地域の公共図書館には住宅地図を備えている場合が多いかと思います。ただし、住宅地図の複写（コピー）には制限があります。

! 踏査の道具

地図以外に、どんな道具があればいいでしょうか。少し脱線しますが、せっかくですので、踏査のための道具を書いておきましょう（必要ない方は飛ばしてください）。

先に地図に書き込むと言いましたが、そのためには画板が必要です。調査時には雨が降ってきたり、自分の汗が落ちたりすることも十分にありえますので、にじんでしまう筆記用具は厳禁です。色は数色あったほうが便利ですので、すぐに取り出せるよう、服装やカバンなどを工夫すればよいでしょう。

調査では、地図に書き込むだけでなく、自分の歩いた記録として時間ごとにどういったことをしたのかをメモする野帳（フィールドノート）があるといいですね。野帳の種類は自由であってよいと思いますが、私は簡単なスケッチをする場合がありますので、方眼紙タイプのものを使っています。

それから、カメラは必須です。踏査の場合、歩いた「その時」の景観の記録を取ることが重要となります。もちろん、上位機種のカメラをお持ちの場合は、それをぜひ活用していただきたいですが、一般家庭にあるようなレンズ一体型のカメラでも通常の調査では十分だと思います。また、最近のスマートフォンに内蔵されているカメラは高機能なものも多いので、それで事足りる場合もあるでしょう。なお、カメラに内蔵されている時計は、正確に合わせておくことをおすすめします。

ひとまず、これだけあれば踏査はできると思います。もちろん、タオルや帽子、飲料といった基本的なものを加えるとしても、意外に必要な道具は少ないですね。歩く際に持ち物が多いと逆に不便なこともありますし、一般的な調査の場合は、この装備で十分です。

ただ、調査の内容によっては、次のような道具をそろえることが必要な場合があります。いわば中級者以上向きの道具です。

ＧＰＳロガーは、現在地の緯度経度を示し、記録してくれる道具です。パソコンと接続することで、歩いた足跡を時間とともにデジタル地図に表示してくれますので、踏査後の振返りに最適です。もちろん、時間ごとの正確な位置を緯度経度で示したい場合は必須です。

近年は、ジョギングやサイクリング用のＧＰＳロガーも多数発売されています。ＧＰＳ機

2-❺ 調査時の道具の一例
（画面奥左から）画板・野帳・カウンター（手製）・コンベックス・カメラ・メジャー（巻尺）・GPS ロガー・ペンライト・レーザー距離計・ピンポール・スタッフ（小）

能付きのカメラもありますので、カメラの機能を確認してみてもいいかもしれません。スマートフォンやタブレット端末のアプリにＧＰＳロガーの役割を果たすものもありますので、それを活用してもいいでしょう。

また、道幅や傍にある石造物には重要な情報が刻まれていることがあります。碑文によっては摩耗し読みにくくなっているものもありますが、そういう場合に便利なのがペンライトです。光を当てることで陰影が付き、文字が浮き出て読みやすくなるからです。スマートフォンにライト機能がありますが、照度が足りないので、やはりペンライトのほうがおすすめです。私の場合はより明るいＬＥＤライトを利用しています。なお、石造物は倒れる危険がありますので、もたれかからないようにしましょう。また、文字の有無にかかわらず、全方向の写真を撮っておく（記録する）ことが重要です。

そうした石造物を含め、景観の構成要素を簡単に計測する場合があります。そのため、コンベックス（金属製テープのメジャー）、メジャー／巻尺、ピンポール、スタッフなどを持っていくことがあります（図２‐５）。これらはホームセンターなどで手に入れることができます。私の場合、カメラ、コンベックス、ペンライト、ＧＰＳロガーは常に持っていくことが多いですが、それ以外はいつでも必要というわけではなく、調査内容によります。また、建物の実測などで利用されることの多いレーザー距離計のなかには屋外で利用できるものもあります。瞬時に測れて便利ですが、ここまでくると、かなり本格的な調査です。

事前調査を重ね、昔の写真を入手している場合は、そのコピーを持っていくのもいいでしょう。昔の景観と今の景観を現地で比較することで、驚くほど多くのことに気が付くことができます。

最後にこうした道具を入れる袋が必須となります。１か所にとどまって調査する場合は手提げタイプでもいいかもしれませんが、踏査の場合は動きながらの調査ですので、背負えるタイプのものがよいと思います。

銀の馬車道の踏査

さて、銀の馬車道を踏査したときは、地図、画板、筆記用具、野帳、カメラ、ＧＰＳロ

2-❻「銀の馬車道」由来の道路の側面（島本多敬撮影）

ガー、LEDライト、メジャー、コンベックス、ピンポール、スタッフを調査チームで分担して持っていきました。踏査の主な目的は、①明治期の地形図で確認した銀の馬車道の場所が、現在どうなっているのかを調べること、そして②明治期の痕跡の残っている場所がないか調べること、の二つです。ピンポールとスタッフを持っていったのは、道の側面にある石積みの高さを調べることが念頭にあったためです。というのも、事前の資料調査によって、銀の馬車道の側面には石積みが利用されていたことが分かっていたからです。調査は数回に分けて実施しましたが、毎回、2人もしくは3人でチームとなり、記録をしていきました。

踏査した結果、銀の馬車道のルートのなかには、現在も道路として利用されている

2-⑦「神崎農村公園ヨーデルの森」内に残る銀の馬車道の痕跡（筆者撮影）

場所が多くある一方で、アスファルト舗装へと改変されており、明治期の舗装をとどめている場所はほぼない、というものでした。道幅についても、自動車が離合できるための拡幅工事がなされており、往時の道幅のまま残されている部分は、それほど多くはありませんでした。もちろん、こうした結果はある程度、予想されていたものですし、何も驚くことはありません。むしろ、思った以上に、面白い痕跡をみつけることもできたというのが、この調査全体の印象です。

たとえば、図2-6は銀の馬車道にあたる道路下の側面の写真です。道路面はコンクリート舗装で、ガードレールも設置されるなど、明らかに改変が加えられています。ただ、側面を見ると石積みとなっており、しかもくわしく観察すると、ガードレールの基礎が打たれているあたりと、それより下部とでは石の大きさや積み方が違うことが確認できました。上部は比較的小さな石が使われていますが、おそらく舗装工事やガードレールの設置工事に際して積み直されたものだと思います。それに対して下部は比較的大きな石が使われており、ガードレール設置以前から利用されていたものが残されているようです。基礎部分には手を加えず、上面だけを改修したのでしょう。路面はコンクリートになっていても、それ以前の歴史の痕跡が残されている場合のあることをうかがわせてくれるには十分でした。

また、図２‐７は、「神崎農村公園ヨーデルの森」という施設内にある道路をドローンで撮影したものです。この道路も銀の馬車道を踏襲していると考えられますが、路面はコンクリート舗装になっている他、河川との間が緩やかな土羽《どは》（土盛の斜面）に仕上げられており、明治期の工事だとはとても思えません。一見して、おそらく道路一帯は大きく改修されたのだろう、という印象を受けます。そのため、ルートを踏襲しているという点以外、銀の馬車道を感じる遺構は残っていないかもしれないと思いながら、この付近を歩いていました。

ただ、そうしたなかで、他の道路の幅と比べて１か所だけ幅の広い場所があることに気付きました。そこは右側の山から流れてくる沢に架かる橋となっています。離合するために広く設計されたという想像もできなくはないですが、橋はそれほど長くないですし、わざわざ橋の上で離合する必要はまったくないですよね。まさかの設計ミス、といったことはないでしょうから、考えられるのは、橋は改修されておらず、以前の道路幅を示している、ということでしょう。そう思って、橋の幅をメジャーで測ってみると、およそ5・8メートル。銀の馬車道の設計サイズと一致するではありませんか。

後日お伺いしたところ、土羽工事を含む道路整備は、神崎農村公園ヨーデルの森の開園に合わせて平成10年代初頭に実施されたということです。そして、確かに橋の部分だけは以前の道幅が残されている、ということでした。

もちろん、橋はコンクリート製で、明治期にまで遡るものではありません。当初の馬車道に合わせて造られたものではなく、その後に架け替えられたものだと思います。その意味では馬車道の直接的な遺構ではありません。ただ、橋脚部の一部にはそれ以前に利用されていたであろう石積みが残されており、より古い状況を偲ばせてくれます。また、何より改修された現在の道路からは想像しにくくなってしまった銀の馬車道時代の道幅を可視的に提示してくれる大事な痕跡です。道路敷部分は利用されていくにつれ、補修や改修が重ねられるのが普通です。直接的な痕跡というのは地下遺構でしか発見が難しいと思います。しかし、改修した後も道幅などが踏襲されることはあります。この橋は、周囲とは異なる改修環境に置かれたため、景観上に痕跡が際立って残された稀有な例と言えるかもしれません。

それにしても、ヨーデルの森にはたくさんの動物たちがいて、そのなかにはウマやポニーと触れ合える場所もあります。銀の馬車道のそばでウマと触れ合えるなんて、なんという偶然！　馬車を引いてこの道を歩く姿を見せてくれたら、「銀の馬車道」の活用にもなるのに、と思わず想像してしまいました。施設の方やウマたちの迷惑を顧みず、こっそりと日本遺産の活用提案をしておきたく思います。

見ようとしないと見えてこない

ここに紹介したものは、普段何気なく道を歩いているときには、見逃してしまうようなものだと思います。特に、道路の側面など、普通に歩いているときは視界に入らない部分ですので、よほど意識しながら歩かないと、見逃してしまうものです。その他、この調査では、道の下を通過している用水路があったので覗き込んでみたところ、道路の下の暗渠部分は石積みの側壁となっていることを確認できた場所もありました。水路改修の際に道路下の部分は残されたのだと思われます。道路の下を流れている水路を覗き込むなんて、いい大人がするものではないですが、せっかくの踏査ですから、積極的に見ようとしなければいけません（念のために申し添えておくと、私有地などへの無断の立ち入りなどは厳禁です）。

そして、道の調査をするときに、漫然と「道」をイメージしていると、見えないことがあります。一口に道といっても、それを構成しているのは、路面の他にも道路側面や側溝、横断路、橋、信号機、路傍の建物や石造物など、さまざまです。こうした構成要素は、それぞれ違った歴史を積み重ねているため、たとえ路面は新しくとも側面は古い形態を残しているといったようなことが起こり得るわけです。「道」の全体像を見ることも大事ですが、一度「道」を構成するさまざまな要素に分解し、そのパーツごとに丹念に検討していくことで、「道」の歴史に近づくためのヒントをより多く見つけることができるようになります。

これは、「道」に限ることではなく、景観全体を見るときにも言えることです。景観は、いろいろな構成要素に分けることができます。山や川といった自然的な要素もありますし、それこそ道や家といった人工的な要素もあります。道がそうであったように、たとえば山も生えている木や草、そこに住む動物、土壌や地質構造などに分けることができますし、家も屋根や壁、窓、戸といった構造に関わる点や間取りなどの平面的な要素、それから少し広げて庭であったり納屋であったりという屋敷地内の要素や、その屋敷地にアプローチする道や門といったさまざまな要素から成り立っています。そしてもちろん、そこに生活する人間も重要な要素です。

景観を見ていくとき、その全体を考えることもとても重要なことですが、それと同時に、こうした構成要素それぞれについて、特徴や変遷を丁寧に追いかけることが必要となります。そうした「個」をとらえることが、結果的に景観全体の理解を深めることにもつながるのです。

皆さんも、普段何気なく歩いている道で結構ですので、一度じっくりと踏査してみてはいかがでしょうか。思わぬ発見をするかもしれませんよ。

コラム② 唱歌から浮かぶ日本の風景!!

兎追ひし彼の山
小鮒釣りし彼の川
夢は今も巡りて
忘れ難き故郷

誰もが口ずさめる唱歌『ふるさと／故郷』の歌詞です。ウサギや小ブナとの思い出が語られますが、ここでもコラム1で確認したのと同じ山と川が舞台となっています。

作詞者の高野辰之(1876-1947)は長野県中野市大字永江(旧永江村)出身です。生家近くに高野辰之記念館が建てられており、高野の業績が顕彰されていますが、そこではこの歌詞の背景に、高野が生まれ育った永江の風景が大きく影響していると述べられています。永江の集落は周囲を山に囲まれた山村で、山からは川が流れ出ています。地図からは、傾斜地には棚田や果樹園が拡がり、旧道に沿って集落が展開している様子がうかがえます（図2C-1)。まさに、山と川に抱かれた里の風景です。

高野辰之記念館の解説にあるように、『ふるさと／故郷』の歌詞に高野

2C-❶ 高野辰之の出身地（長野県中野市）付近の地図
（地理院地図（標準地図）を利用して作成）

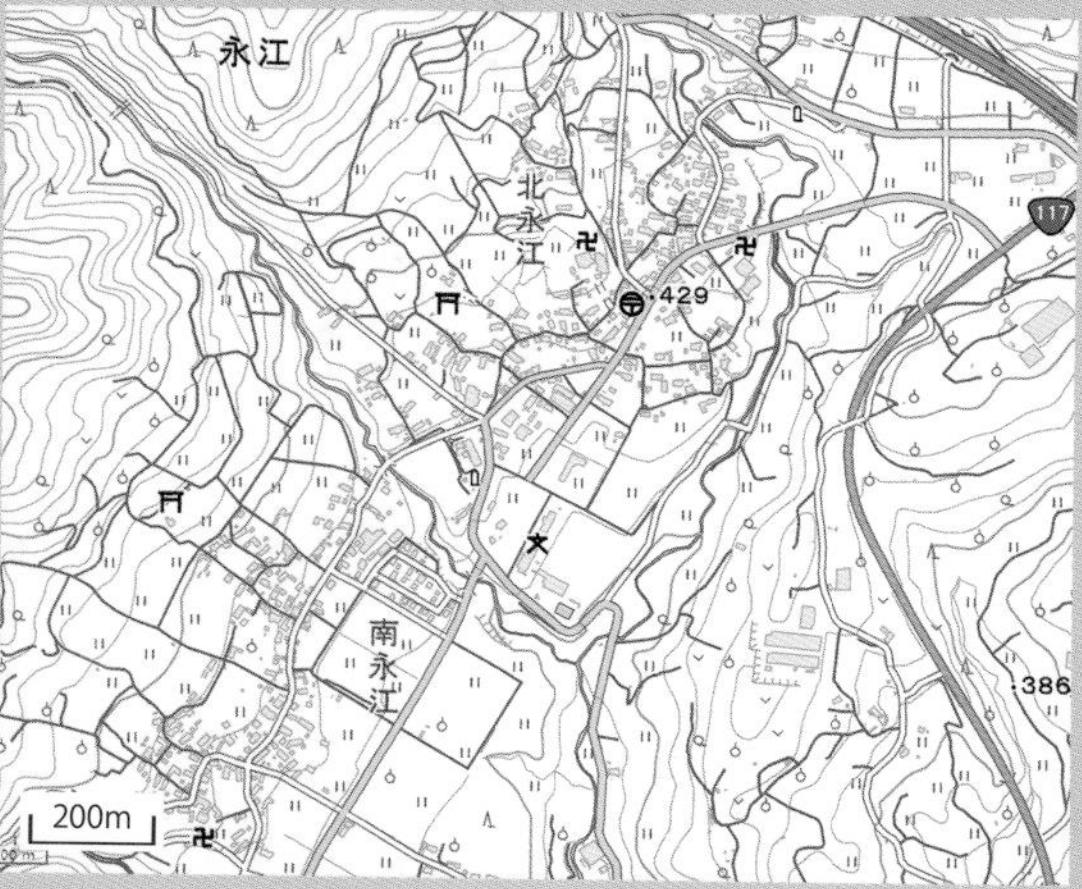

の郷里のイメージが反映されているのは間違いないでしょう。海が出てこないのも、そのためかもしれません。ただ、それでもこれが唱歌用に作詞されたこと、そしてその後、日本中で広く親しまれ、歌い継がれてきたことをみれば、永江集落だけの固有イメージではなく、「日本のふるさと」全体に共有されるイメージが含まれていたことが分かります。私は、沖縄県の旧制高等女学校の同窓会に参加したことがありますが、そこでは毎回、歌好きの皆さんがいろいろな歌を楽しく歌うひと時があります。そこでは沖縄民謡に加えて、この歌が歌われていました。確かに沖縄県でも山と川は身近にある風景です。

『ふるさと／故郷』の歌で、「山」と「川」以外に暗示されているのは「里」です。高野が作詞の際に永江の集落を思い浮かべた可能性は高いですが、歌詞それ自体には里の具体像は描かれていません（それが、全国に広く受け入れられる要因であったと思います）。2番の歌詞に「友がき」（友だち）が出てくるので、永江の集落の形態を知っていようと知っていまいと、他の家と隔絶した一軒家に住んでいるというわけではなく、友だちの家が近くにあるのだろう、というくらいの想像がせいぜいです。

いくつかの家があるこの「里」では、どのような生業がなされていたのでしょうか。もちろん、高野の頭には永江の集落があったでしょうから、棚田の広がる風景が念頭に置かれていたと思いますが、歌詞のなかには登場しません。ただ、同じ高野の作詞した唱歌『春がきた』に、そうした風景が詠まれています。

春が來た、春が來た、どこに來た。
山に來た、里に來た、野にも來た。

「野」には、いわゆる原野という意味合いもありますが、ここでの野は人が春を感じられるというのですから、里と山の間にある田畑の広がる空間という意味合いが強く出ています。

『春が来た』に詠まれる空間的な広がりについては、民俗学や地理学などのなかで、「ムラ・ノラ・ヤマ」の基本構造として理解されているものです（図２Ｃ - ２）。ムラが定住域の集落、ノラが生産域の田畑、ヤマが採取利用域の林野を指しています。
　この概念は、その後、ヤマがハラ（原野）の場合もあるという指摘や、またヤマのさらに奥側にオクヤマがあるといった指摘のように、展開・深化しているのですが、「ムラ - ノラ - ヤマ」が基本的理解として重要であることは、この『春が来た』が物語っているように思います。一般の人々に広く共有されたこの歌が、まさにこの構造を示しており、人々のイメージに影響を与え続けているのです。

2C-❷ ムラの領域模式図
福田アジオ（1982）をもとに作成

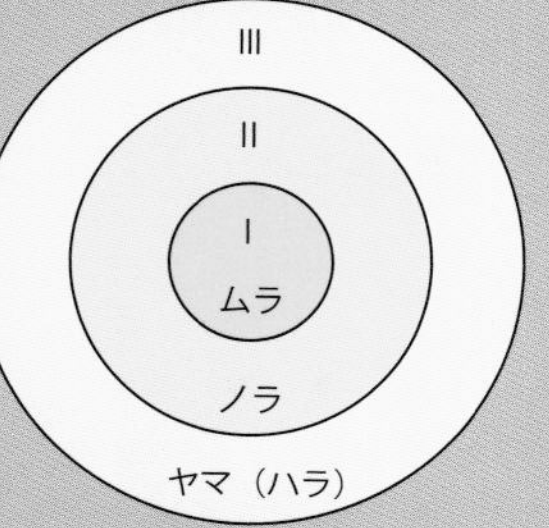

Ⅰ＝「民居の一集団」＝集落
＝定住地としての領域＝ムラ

Ⅱ＝「耕作する田畑」＝耕地
＝生産地としての領域＝ノラ

Ⅲ＝「利用する山林原野」＝林野
＝採取地としての領域＝ヤマ（ハラ）

福田アジオ（１９８２）『日本村落の民俗的構造』弘文堂

第3章 道を比較してみる

——銀を運ぶ二つのルート

Comparing two routes — Roads carrying silver

石見銀山

前章で取り上げた銀の馬車道は生野鉱山と飾磨港とを結ぶ道でした。鉱山つながりということで、次は石見銀山につながる道を事例に取り上げたいと思います。こちらは馬車ではなく人力での輸送でしたので「銀の道」と呼んでおくことにします。石見の「銀の道」にはいくつかのルートがありますが、ルート比較（つまり複数の地域をとらえる視点）を通じて、景観や地域の特徴をとらえる面白さを紹介することが狙いです。

石見銀山遺跡は島根県大田市に位置しています。平成19年（２００７）に「石見銀山遺跡とその文化的景観」としてユネスコの世界遺産に登録されました。16世紀後半、日本は世界有数の銀産出国で世界中に日本の銀が流通していましたが、その代表的な鉱山が石見銀山でした。大航海時代というなかにあって、銀が大きな役割を果たしていたことを考えれば、

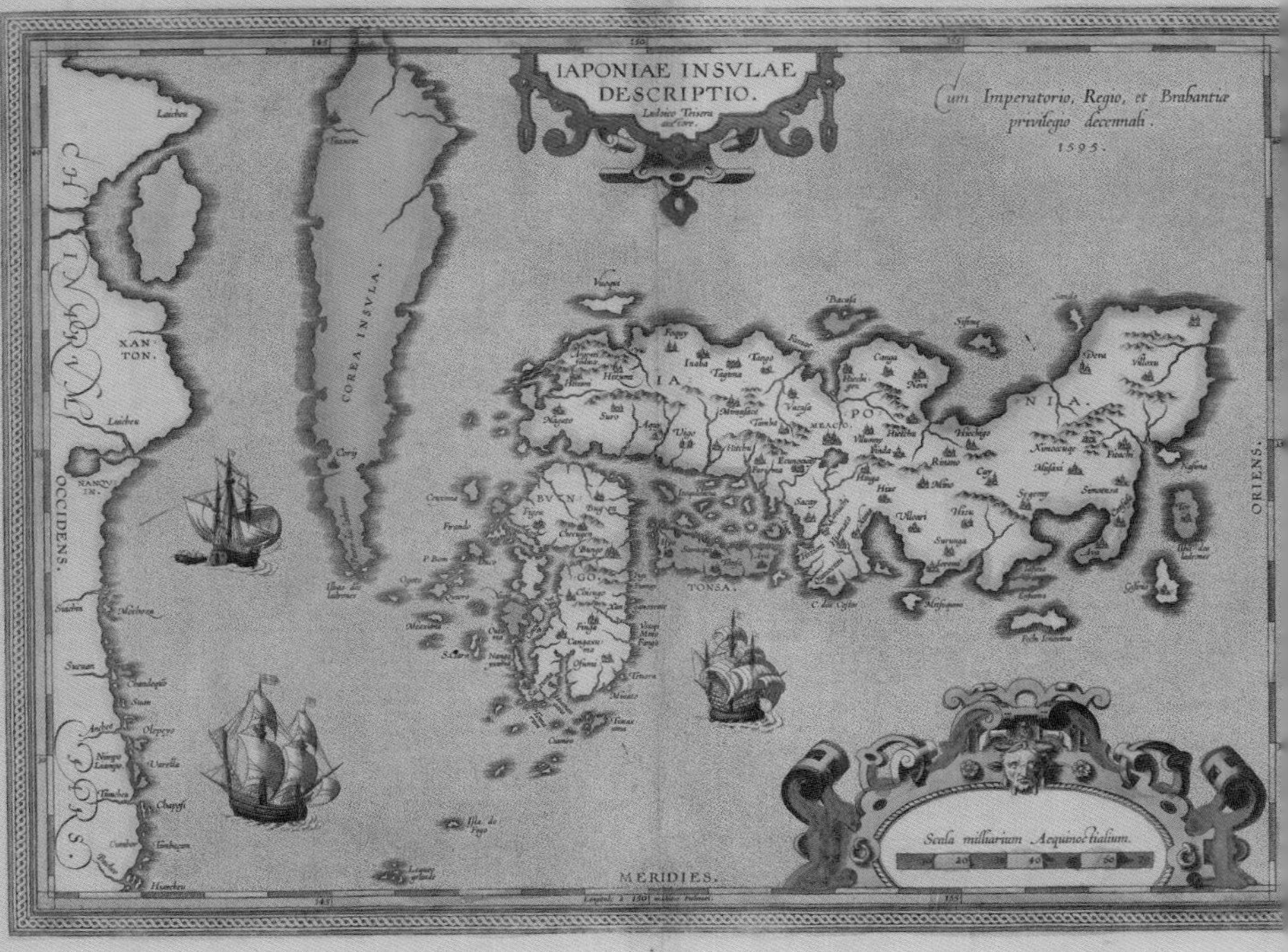

3-❶ ルイス・ティセラ「日本図」（所蔵：九州国立博物館）

まさに世界遺産としてふさわしい価値を備えていると言えるでしょう。

　地図史のなかでも特に重要な作品と位置付けられている地図資料である、オルテリウスによる世界地図帳『世界の舞台』の1595年版には、ティセラ作製の日本図が載っています（図3‐1）。そこに「Hivami」（石見）という地名が記載され、その上には銀鉱山を意味する「Argenti fodinae」という文字も記されており、銀産出地としての石見の名が世界中に知られていたことがうかがえます。

　さて、石見の銀鉱山や精錬施設の集まるエリアは、日本海からやや離れた山間部に位置しています。産出した銀を国内外に移送するためには、

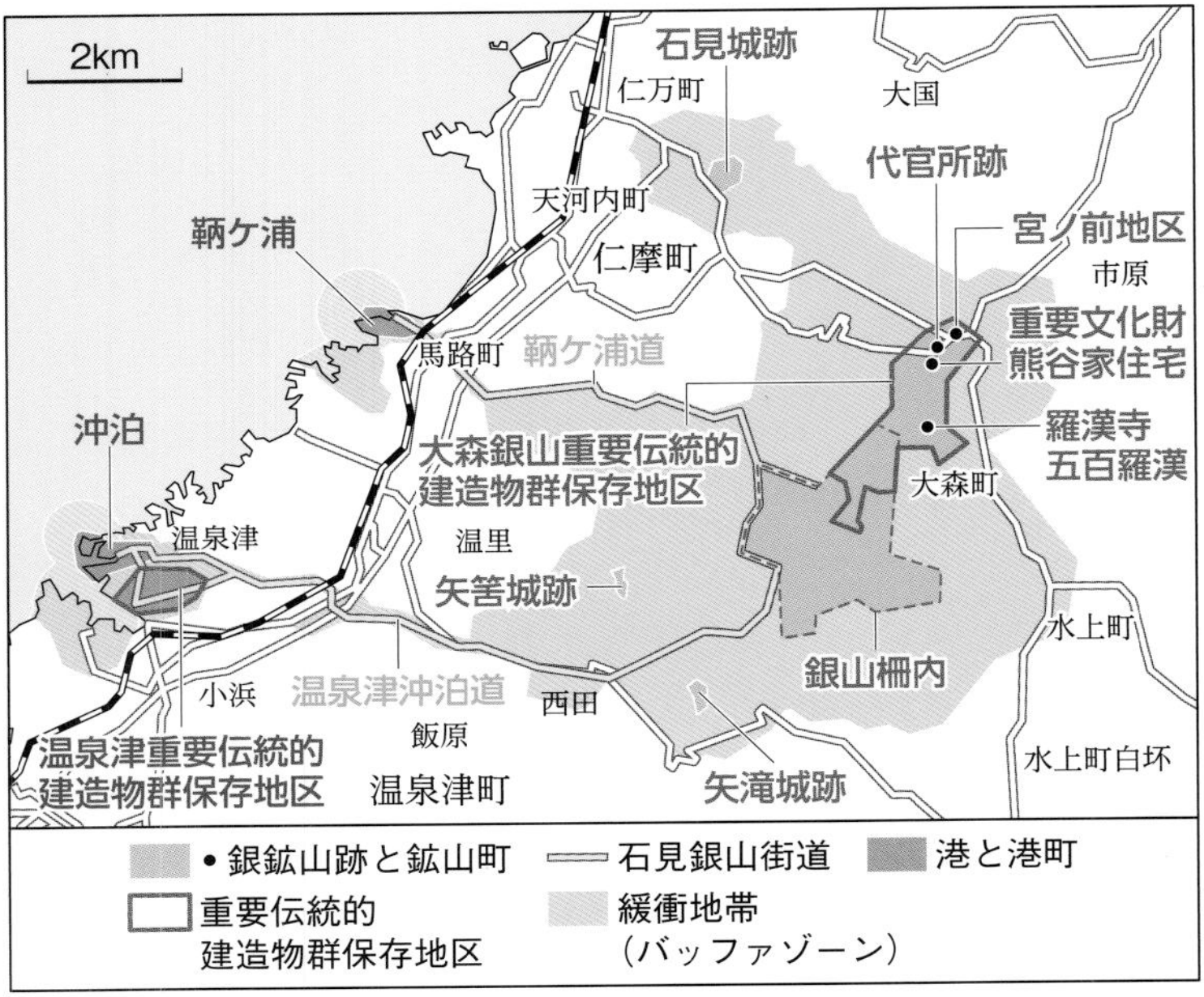

3-❷ 世界遺産「石見銀山遺跡とその文化的景観」の範囲

積み出し港が必要ですが、鉱山が内陸にあったため、港へ運ぶための「銀の道」も不可欠でした。世界遺産に登録されている範囲は、こうした銀の産出・精錬、搬出に関わる全体となっています（図3-2）。観光客の多くは銀鉱山跡・鉱山町エリアだけを見に行きがちですが、やはり、日本史・世界史上の役割を感じるためには、銀がどのような場所で産出したのかだけではなく、どのようなルートで運ばれていったのか、といった点にも触れる必要があります。

石見銀山からの搬出ルートとしては、大きく日本海側ルートと瀬戸内海側ルートがあります。瀬戸内海側ルートは江戸時代以降に発達したもので、それ以前は主に日本海側ルートが使われていました。そして日本海側ルートにも、「沖泊」に向かう温泉津沖泊道《ゆのつおきどまりどう》と、「鞆ケ浦」（友集落）に向かう鞆ケ浦道《ともがうらどう》の、大きく二つのルートがありました。世界遺産の構成資産となっているのは、この温泉津沖泊道と鞆ケ浦道です。

銀の道の特徴

「銀の道」はどういった道だったのでしょうか。また二つのルートはどのような違いがあるのでしょうか。

まず、生野鉱山で利用された銀の馬車道とはまったく違うという点を、基本事項として挙げておかないといけません。銀の馬車道は、馬車を通すために西洋式の舗装を施したもので、起伏の少ない道が続いています。それに対して、石見銀山の二つの銀の道は、人力で銀を運ぶための道で、大部分が未舗装で起伏のある山道でした。現在、区間の一部は舗装道路となっていますが、山間部を通過している区間のほとんどは未舗装のまま残されています。

一方で、銀の馬車道と比べて銀の道は、距離が短いということも押さえておいてよい点です。馬車道は70キロメートル以上の道のりがありますが、石見銀山から日本海までは10キロメートルほどです。この距離であれば人力でも1日で港に搬出することができました。内陸の鉱山とはいえ、こうした海との近さは鉱山開発にとって有利な条件です。中世に石見銀

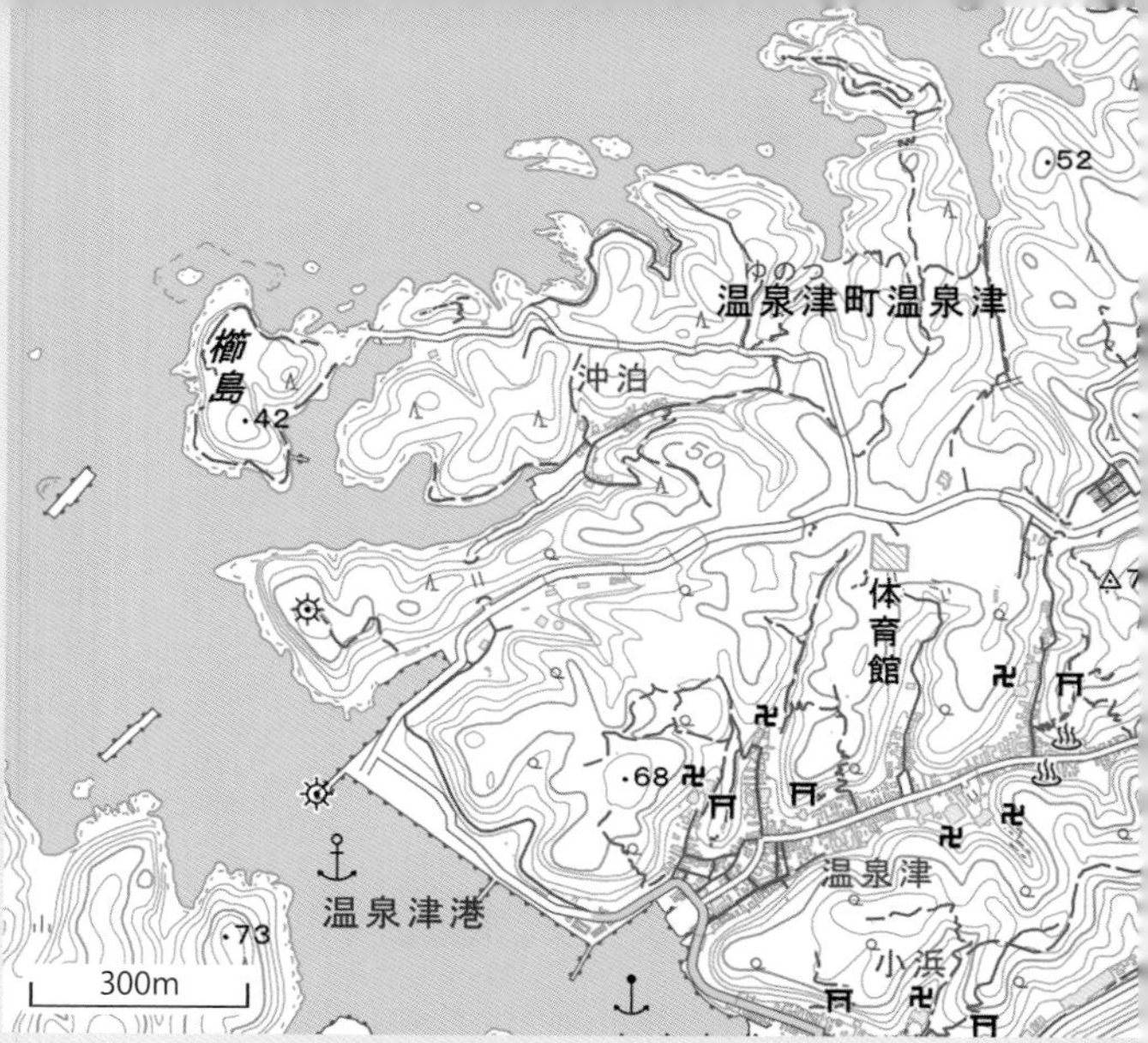

3-❸ 沖泊（地理院地図（標準地図）を利用して作成）

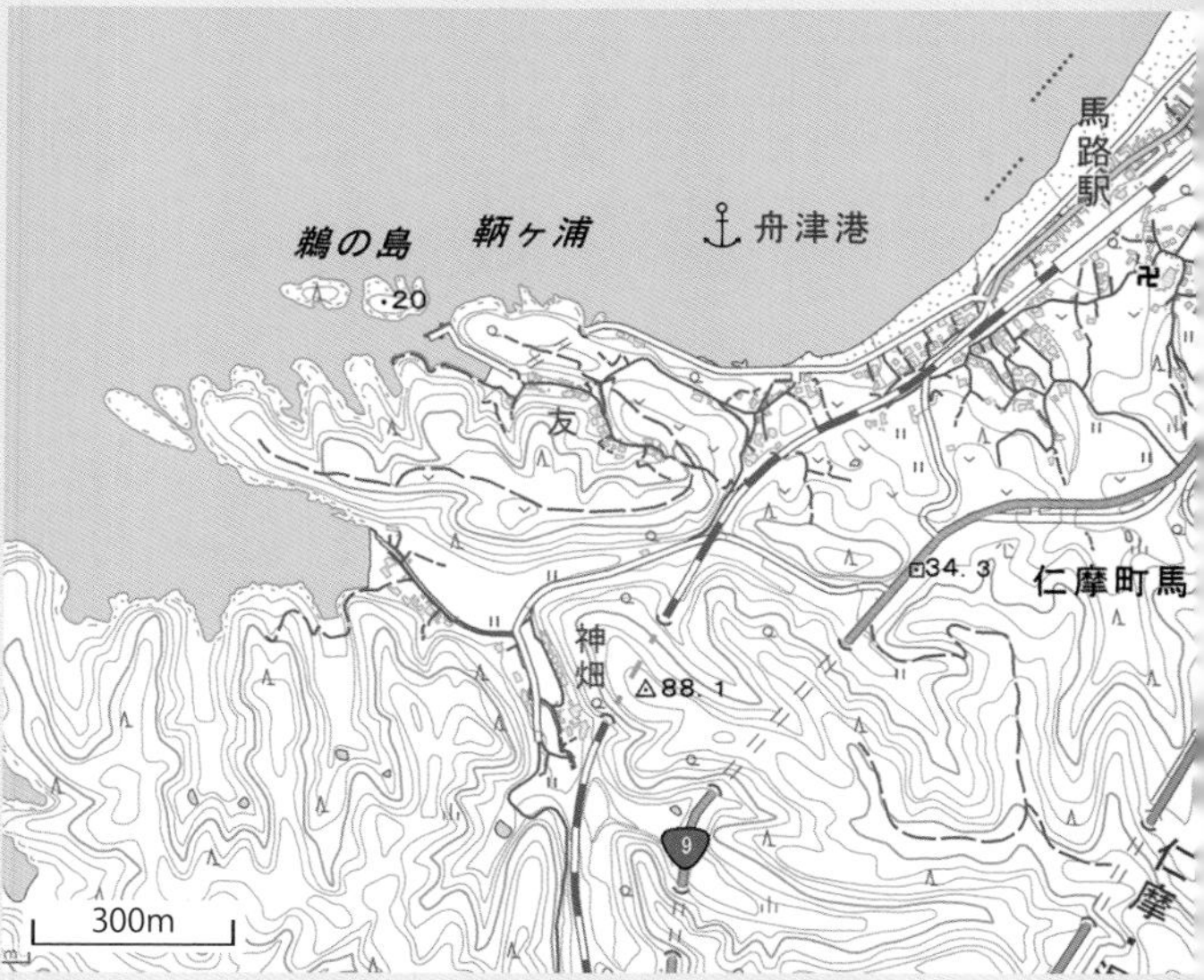

3-❹ 鞆ヶ浦（友集落）（地理院地図（標準地図）を利用して作成）

山が国内、さらには世界有数の銀鉱山へと成長した理由の一つに、こうした地理的な条件もあったことでしょう。

ただ単に海に近いだけがよい条件ではありません。たとえば、江戸時代に開発された四国の別子銅山の場合、海までは10キロメートル強ですので、石見銀山とそれほど変わりませんが、別子銅山は標高が1000メートルを超える山を開発したものです。それに対して石見銀山は鉱山のある場所の標高が250〜450メートルほどでした。搬出入の作業に違いが生まれることは容易に想像できます。

よい港湾があることも重要なポイントです。銀の道の終着は沖泊(図3‐3)と鞆ケ浦(友集落・図3‐4)ですが、いずれもリアス海岸の湾奥に位置し、外海の影響を直接受けないような形状をしています。

ただし、日本海全体として冬は季節風の影響で荒れることが多いという欠点もあります。そのため、江戸時代になると、年間を通じて搬出可能な瀬戸内海の港湾への搬出が始まっていくのです。短い距離で収まる日本海側ルート(銀の道)ではなく、100キロメートルほどもある瀬戸内海側ルートも利用されるようになる理由は、そうした自然条件にもあったのです。

銀の道を歩く

以前、大学院生たちと一緒に石見銀山遺跡の調査をしたことがありますが、その際、銀の道の日本海側2ルートについても踏査しました。この時はピンポールやスタッフといった道具は持っていきませんでした。測っていると時間がかかり、日没までに最終地点まで到達することが難しくなるからです(踏査は秋に実施しました)。装備を軽くするという点も考慮しました。結果として、地図、GPSロガー、野帳、カメラといった最低限の調査道具

3-⑤ 温泉津沖泊道（筆者撮影）

とし、地点ごとにどういった特徴があるかを書き留めていくことにしました。

踏査の結果、いずれの道も山の斜面をそのまま利用した部分の他に、切り通しによって道を作っているような部分、また尾根の鞍部を利用した部分など、さまざまな様相が確認できました。そのため、一つの方針のもとに一様に造成されたというよりも、場所ごとの特性に応じて道が整えられてきたことがうかがえました。

二つのルートのうち、温泉津沖泊道は銀山から約12キロメートル、鞆ケ浦道は約7キロメートルで港に着きます。距離だけで比較すると鞆ケ浦道が圧倒的に短いことになります。

ただ実際は、歩きやすさや傾斜の具合などによって体感的・心理的な距離は変

3-❻ 鞆ケ浦道（筆者撮影）

化します。私たちが二つのルートを歩いたところ、温泉津沖泊道の「楽さ」を強く感じました。距離は温泉津沖泊道のほうが長いのですが、疲れたという印象が少なかったのです。

その大きな理由は峠の数です。温泉津沖泊道は銀山を出てすぐに大きな峠に立ち向かうことになります。降路坂《ごうろざか》と呼ばれる険しい道です。ただ、それを過ぎると湯里川《ゆさとがわ》沿いのなだらかな道がしばらく続きます。その後は再び山道に入りますが、それほど深い山ではないので、歩き続けてきた体でもそれほど苦労なく歩みを進めることができます（図3‐5）。

一方の鞆ケ浦道の場合、銀山を出てすぐに要害山《ようがいざん》という山の脇を通ります。そこが第一の峠となっています。最高地点は300メートル弱です。その後、峠を降り、永久精錬所跡という近世から近代にかけて利用された精錬所跡から柑子谷《こうじだに》集落に入りますが、そこを抜けると再び山道となり、高山という標高499メートルの山の脇を通過する峠を越えることになります。ルートの後半に差し掛かっていることもあり、疲労を感じるなかでの峠越えです。温泉津沖泊道に比べると平たん地や緩やかな坂道は少なく、上り下りを繰り返す印象でした（図3‐6）。

こうした点を、ルート断面図を作って確認することにしましょう（図3‐7）。分かりやすくするために、高さは強調して表現しています。現在、こうした断面図はデジタル地図を使うことで比較的容易に作れるようになりました。一般の方でも、国土地理院のウェブサイトにある「地理院地図」を使えば、任意の地点間の断面図を作成することができます。試してみるのもいいでしょう。

図3‐7を見ると、最高到達地点が高いのは温泉津沖泊道のほうで、標高400メートルを超えています。また降路坂の前後、標高300メートル以上のあたりは、断面線の角度が特に急で、険しい峠であることが分かります。ただ、険しさという点でいけば、鞆ケ浦道の要害山脇の峠も同じような険しさを示しています。険しい区間の比高差もそれほど変わりません。また、鞆ケ浦道のもう一つの峠、高山脇の峠も、銀山から向かう際は険しい区間が断続的に現れます。全体を通じても、鞆ケ浦道のほうが険しい区間の多いことが読み取れると思います。

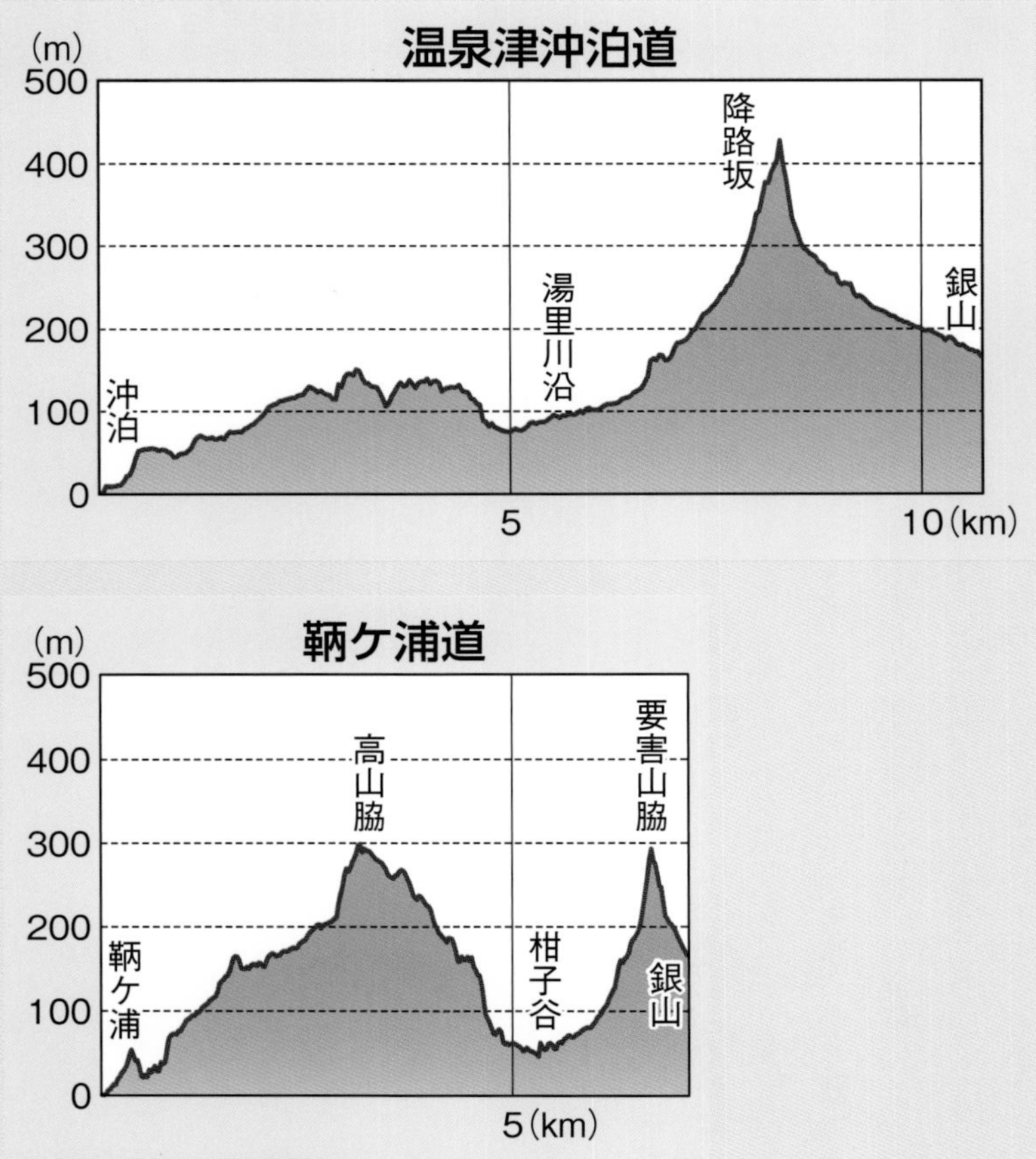

3-❼ 温泉津沖泊道と鞆ケ浦道のルート断面図
上：温泉津沖泊道、下：鞆ケ浦道

だから、というわけではないのかもしれませんが、この二つのルートの調査中、坂道で足を滑らせて尻もちをつく大学院生が多かったのは、鞆ケ浦道のほうです。証拠写真もあるのですが、名誉のために（？）載せないでおきます。

一方の温泉津沖泊道のほうは、尻もちをついた大学院生は少なかったのですが、距離が長かったからか、靴底がはがれてしまった大学院生がいました。幸い、途中の西田集落で地元の方にガムテープをお借りして応急処置を施すことができたため、全員、最後まで歩くことができました。こうしたハプニングも踏査にはつきもので、今となってはいい思い出です。ただ、山道を歩く際は、十分な準備が必要だということも、申し添えておきたく思います。

私たちの調査隊は、昼食用の弁当とカメラなどの調査道具、山歩き道具といった必要最小限の荷物で調査しました。ただ、これらの道が銀の道としての機能を果たしていた際、そこには重量のある銀を担いで山道を進む人々がいたのです。そうした人々が好んだのは、距離は長くても1回しか峠のない温泉津沖泊道なのでしょうか、それとも距離は短くても2回の峠のある鞆ケ浦道なのでしょうか。

もちろん、実際には道の利用しやすさだけで搬出の港が決まったとは思えません。気象条件や海象条件などによって、また銀を掘り出す坑道や精錬所の位置によって、さらには鉱山を支配した権力者たちのマネジメントの仕方によって、搬出の港が異なったと思われます。そうしたさまざまな条件から総合的に判断されるなかで利用する道が決まるので、銀を運ん

3-⑧ 友集落の港（筆者撮影）

だ人たちが自分の好きな道を選べる余地は、なかったといっていいでしょう。

山と海をつなぐ道

鞆ケ浦道を歩いていると、柑子谷から高山脇の峠に向かう途中、標高約200メートル付近に上野という集落があります。そこには「胴地蔵」という地蔵があるという情報があったので、探したのですが、なかなか見つかりませんでした。そこで付近の住民の方にお尋ねして、ようやく見つけることができました。胴地蔵には、昔盗みを働いた者を斬首したところ、その霊が騒ぐので鎮魂のために建立したという由来があるそうです。胴地蔵には草花が供えられており、地域の方が今もなお大切にしていることがよく分かりました。

また、お話を聞いているなかで、以前は胴地蔵の前まで、鞆ケ浦から女性が魚の行商に来ていた、

3-⑨ 通行困難となった道（友集落付近）（筆者撮影）

というお話も伺うことができました。また、お話を聞いた方ご自身も若い頃に鞆ケ浦道を通って海辺の集落に米を持っていき、魚と交換してもらっていた、ということでした。

こうした話は鞆ケ浦道の終着にある港湾の友集落（図3‐8）でも聞くことができました。友集落では昭和30年（1955）頃までは市が立ち、米や野菜、炭などを売る行商が来ており、魚やワカメなどと交換していたということです。また、女性が「大森」（石見銀山の鉱山町）まで日帰りで行商に行っていたそうです。

銀の道は、単に銀を運搬しただけではありません。銀が運ばれていた頃も、そして銀が運ばれなくなった以降も、山と海とをつなぐ重要な交易路であり、生活路でした。世界遺産に登録されたことで、銀の運搬路としての側面がクローズアップされていますが、そうした単一の側面ではなく、地域全体のなかの多様で動態的な流れに置いてとらえたほうが、より一層の歴史的価値が浮かび上がります。

ただし、こうした多様な側面を有していた道も、現在は交易や交流の道として使われることはほぼないようです。実際、友集落付近の道には、生活のなかで通らなくなって久しい部分もあります。集落背後の山には友集落の旧墓地があり、そこの横を通るルートが本来の銀の道だったということでしたが、墓地が移転し、地域の人がそこを通らなくなった結果、草が生い茂り、今では通行不能となっています（図3-9）。

あらゆる道はそれ自体が歴史を有しており、また地域の歴史を示すものですが、それは人や物、情報が行き交ってはじめて維持されるものです。自動車や鉄道での移動が主流となり、それまでは主要街道だった道のなかにも顧みられなくなってしまったものがたくさんあります。歴史の道調査などを通じて文化財としての調査が進められている道もありますが、調査の進んでいない道も全国にはまだたくさん残されています。そうした未調査の道を見つけられたならば、自分の体力とも相談しつつ、ぜひ踏査をしてみてください。そうした歩みの記録は、きっと未来の人々の役に立つはずです。

コラム③ 羽衣伝説と松

水辺を舞台にした物語の一つに羽衣伝説があります。たとえば近江国（滋賀県）や丹後国（京都府）の場合、古代に編まれた風土記（逸文）に物語が採録されています。また、沖縄県宜野《ぎの》湾《わん》市に伝わる羽衣伝説の場合、天女が水浴びをするのは「森の川（ムイノカー）」で、今でも清水がこんこんと湧いています（図3C-1）。森の川には、天女が地上でもうけた一男一女の子どもの一人が、その後の中山王《ちゅうざんおう》察度《さっと》であるという由来譚もあります。

この他、羽衣伝説は各地に残っていますが、もっとも広く知られている伝説の舞台は、三保松原ではないでしょうか（図3C-2）。その大きな要因は、室町時代以降、現在に至るまで能の代表的な演目の一つとして人気のあ

3C-❶ 森の川（ムイノカー）（沖縄県宜野湾市）（筆者撮影）

3C-❷ 三保松原（静岡県静岡市）
（xe zna 撮影）

る「羽衣」が三保松原を舞台としているからです。その後、歌舞伎に取り入れられた際にも、三保松原が舞台として採用されました。

能「羽衣」では、三保松原に住んでいる白龍という漁師が、松にかかる羽衣を見つける、という始まりです。近江や丹後の風土記逸文を見ても、羽衣が松にかかっているという描写はありません。その他の羽衣伝説の起源がどれくらい遡れるのかについては、よく分かりませんが、少なくとも室町時代以降に成立した伝説で、松に羽衣のかかっている描写があるとすれば、この能「羽衣」に影響を受けて挿入された可能性があるでしょう。

本州に生息するマツのうち、三保松原に広く見られるのはクロマツです。天女が羽衣を掛けたのも、おそらくクロマツだったはずです。クロマツは、海浜部に比較的多く見られる種類です。能舞台の背景に描かれるのもクロマツですから、能「羽衣」は背景に適った演目となっていると言えます。

　松は能舞台以外に、水墨画や大和絵などの絵画のモチーフとしてもよく使われ、また門松や「松竹梅」といった慣用句でも使われます。江戸時代に幕府が作製を命じた国絵図は狩野派が清書をしていますが、そこには狩野派の作法に則った松の描写が見られます。また、日本庭園には欠かせないものですし、現在、世界中で愛好者が増えている盆栽においても、主要な樹種となっています。松は日本文化を支える代表的な樹木の一つと言って差支えないでしょう。

　ただし、マツ属は北半球の温帯・冷帯を中心に広く分布しており、日本に固有の樹木ではありません。当然、松にまつわる文化は各地にあります。たとえば、先に挙げた「松竹梅」は、中国の文人画の画材「歳寒三友」がその起源となっています。日本の絵画で松が好んで描かれるのも、こうした中国文人画からの影響を考える必要があります。

　もっとも、中国には日本に多く見られるアカマツ、クロマツはありませんので、「松」というモチーフは同じでも、描く対象は違う種類の松だったことになります。クロマツの英名がJapanese Black Pine、アカマツがJapanese Red Pineとなっていること

3C-③ 地中海の松の例

からも分かるように、日本人に馴染みのある松は、日本人以外から見ると、珍しい松なのです。

逆の視点で考えてみましょう。たとえば、イタリアの作曲家レスピーギが1924年に作曲した『ローマの松』という交響詩があります。金管楽器が効果的に利用されるなど、とても美しい作品です。古代ローマを想起する意図を持って作曲されていますが、そのインスピレーションとして利用されたのがローマに生える松です。ここでの松は、決して日本に見られるような松ではなく、地中海に生える松です（図3C-3）。日本の松を想像しながら『ローマの松』を聞いてしまうと、レスピーギの表現しようとした世界観をずいぶんとイメージし損ねることになります。

松は私たちに馴染みのある樹木で、日本の文化に大きな役割を果たしていることは間違いありませんが、やはり、そのイメージを当たり前と思ってはいけません。

第4章 観光名所の歴史地理を探る

Exploring historical geography of tourist Sights

日本三景

天橋立は、松島、宮島と並ぶ日本三景の一つです（図4－1）。太平洋の松島、瀬戸内海の宮島とするならば、日本海の天橋立となるでしょう。日本三景のいずれもが「海」に関係しているところが、島国・日本らしいところでもあります。

この日本三景という数え上げが成立したのは江戸時代だったとされています。はじめからこの三つの場所が選ばれていたわけではなく、いろいろな三景がいろいろな人によって提示されるなかで次第に洗練されていき、18世紀前半頃にはおおよそ固定化されていったようです。

天橋立を日本三景としてとらえる視点として、重要な指摘を残しているのが、17世紀後

4-❶ 天橋立（筆者撮影）

半から18世紀前半に活躍した儒者、貝原益軒《かいばらえきけん》（1630－1714）です。益軒は各地を訪れ、紀行文を残していますが、そのうちの『己巳紀行《きしきこう》』（1689）の中で、天橋立に触れています。そして、西国三十三所の一つである成相寺に上がる本坂から天橋立を見た際、「日下に在つて其景目を驚かす、日本三景の一とするも宜也《むべなり》」と語っています。益軒は自らの基準で三景を数え上げているのではありません。人から伝え聞いたり、書物を読んだりして得ていた日本三景についての情報をもとに、なるほど確かにそうだ、と納得しているわけです。すでに「日本三景」なる見方が、社会のなかに一定程度、広まっていたことを十分に想像させます。

　しかも、こうした益軒の言葉が、読者に影響を与え、見方の固定化が起きていきます。

たとえば、1733年に河合章尭《かわいあきたか》が刊行した『但馬湯島之記』を見ると、「目下に在て目を驚かす、日本の三景の一とするも宜なり」と、益軒の言葉をほぼそのまま引用して天橋立を評しています。

念のために言えば、この本のなかには益軒の説を批判する部分もありますし、章尭が益軒を妄信していたわけではありません。章尭は益軒の書いた本の補遺版を手掛けていることもあり、益軒のことはよく知っていました。賛成は賛成、反対は反対という是々非々の姿勢のもと、天橋立についてはまったく同じ感想を持った、ということになります。

天橋立は、現在もなお、多くの観光客を呼び寄せる京都府北部の代表的な観光名所です。訪れてみると、確かに日本三景にふさわしい（「宜也」！）と思える景色に出会えます。看板に偽りなしです。しかし、この大きな看板に隠れてしまいがちなのですが、天橋立一帯は、他にも面白い歴史地理にあふれています。景色を構成している要素が、そうした面白さを語りかけてくるのです。せっかく天橋立に行くのであれば、橋立を見てすぐに終わりというのではなく、そうした歴史地理に触れてみてはいかがでしょう。ここでは、そうした天橋立の歴史地理の一端を紹介していきます。

！天橋立の地勢

まず、天橋立周辺を見るにあたって、必要最低限の情報を確認しておきましょう（図4

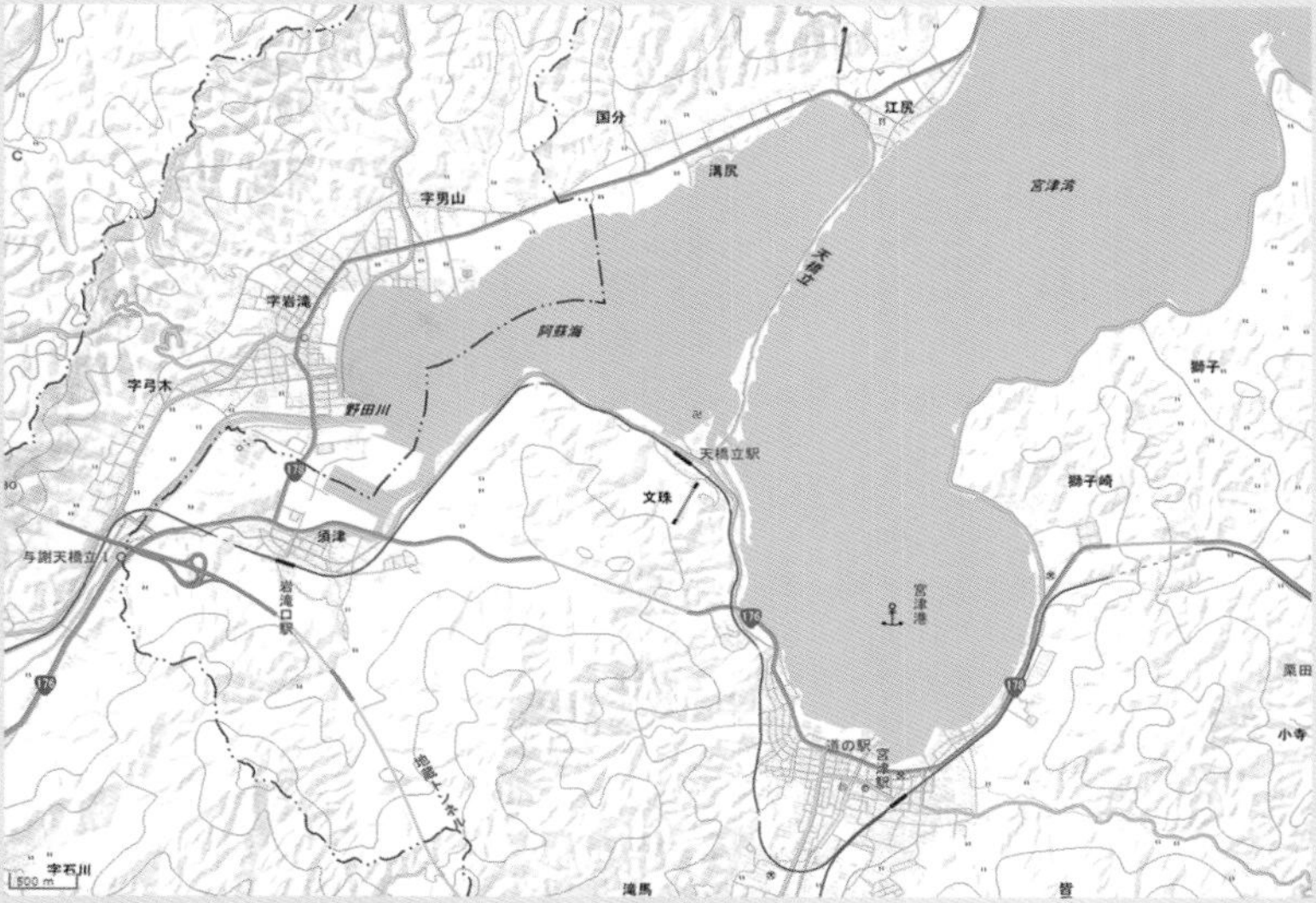

4-❷ 天橋立周辺（地理院地図（標準地図）を利用して作成）

-２）。

天橋立は宮津湾の中に北から南にかけて延びた砂州です。河川の作用で周囲の山から流れ出た砂が海流の影響で運ばれて形成された地形です。天橋立によって区切られた内海は阿蘇海《あそかい》と呼ばれています。阿蘇海には大江山山系に端を発する野田川が注ぎ込んでいます。

日本が国と郡によって区分されていた時代、この付近は与謝郡《よさぐん》でした。そのため、阿蘇海と宮津湾をあわせた天橋立付近の海が与謝海《よさのうみ》と呼ばれていたこともあります。

現在、天橋立を挟んで南北はいずれも宮津市に属しています。天橋立の北側、付け根にあたる付近は府中地区、橋立先端の対岸付近は文珠《もんじゅ》地区です。府中地区には成相寺《なりあいじ》や丹後一宮の籠神社《このじんじゃ》、国分寺などがあり、また文珠地区には智恩寺《ちおんじ》があります。智恩寺の本尊は文殊菩薩《もんじゅぼさつ》で、智恩寺は「智恵の文殊」や「文殊さん」とも呼ばれています。智恩寺は日本三文殊の一つにも数え上げられています。三景だけでなくここにも「三大○○」があることになります。

国府はどこに？

さて、文珠地区の名称が智恩寺の文殊菩薩から来ていることはすぐに分かります（ただし、地区名は漢字が違うので少しややこしくなっています）。では、府中地区の名称は何に由来するのでしょうか。といっても、これも簡単かもしれません。府中という地名は全国各地にあります。その多くは、古代や中世の地域の中心地であった国衙（国府）や守護所といった施設のある場所という意味合いが由来となっています。宮津市の府中地区もその例に漏れません。近世になると、中心地は宮津藩の城が置かれた宮津（現在の市街地）になりましたが、それ以前の中心は府中地区でした。

府中地区は、中世に丹後守護の一色《いっしき》氏が本拠を置くなど、地域の中心であったことは間違いないのですが、それ以前、古代律令期はどうだったのか、文献史料上ではあいまいな部分があります。天橋立の近くに国府が置かれていた可能性が高いことは従来から指摘されていました。ただ、10世紀に編まれた『和名類聚抄《わみょうるいじゅうしょう》』には、丹後国府が加佐《かさ》郡（現在の舞鶴市域にほぼ相当します）にあると記載されており、また13世紀末以降に編まれた『拾芥抄《しゅうがいしょう》』には、加佐郡と与謝郡の二郡が併記されていることから、丹後国府は加佐郡から与謝郡に移転したのではないか、といった見解も出されているのです。こうした議論はまだしばらく続くと思いますが、近年の発掘成果の状況をふまえれば、少なくとも与謝郡に国府の置かれた時期があったことは確実になりつつあります。

国府については、その位置や形態が歴史地理学の大きなテーマになり続けています。そこで、少しだけ研究の歴史をひも解いて、与謝郡内の丹後国府について考えてみましょう。

与謝郡といっても、その中のどこにあったのか、という点がまず問題になります。当初、こうした国府の立地に関する議論のベースにあったのは、「国府は平城京や平安京といった都を模して方形方格の都市プランを備えていた」という理解です。こうした理解は戦前の周防国府や近江国府の調査研究によって形づくられ、１９６０年代から70年代になると、全国で八町方格（タテ・ヨコがそれぞれ八町）や六町方格といった、一定規模の方形方格の都市域を備えた国府の比定が盛んになされるようになりました。そして、そうした過程で発掘調査も進み、さまざまな知見が蓄積されていきました。

この時期の調査で与謝郡内の国府にふさわしい場所として注目されたのが、阿蘇海の湾奥に近い岩滝町（現与謝野町）の男山地区でした。図４-３の中に四角形で囲んだ範囲がその復原案の一つです。阿蘇海の北岸で方格状の都市域を確保できる平坦地といえば、

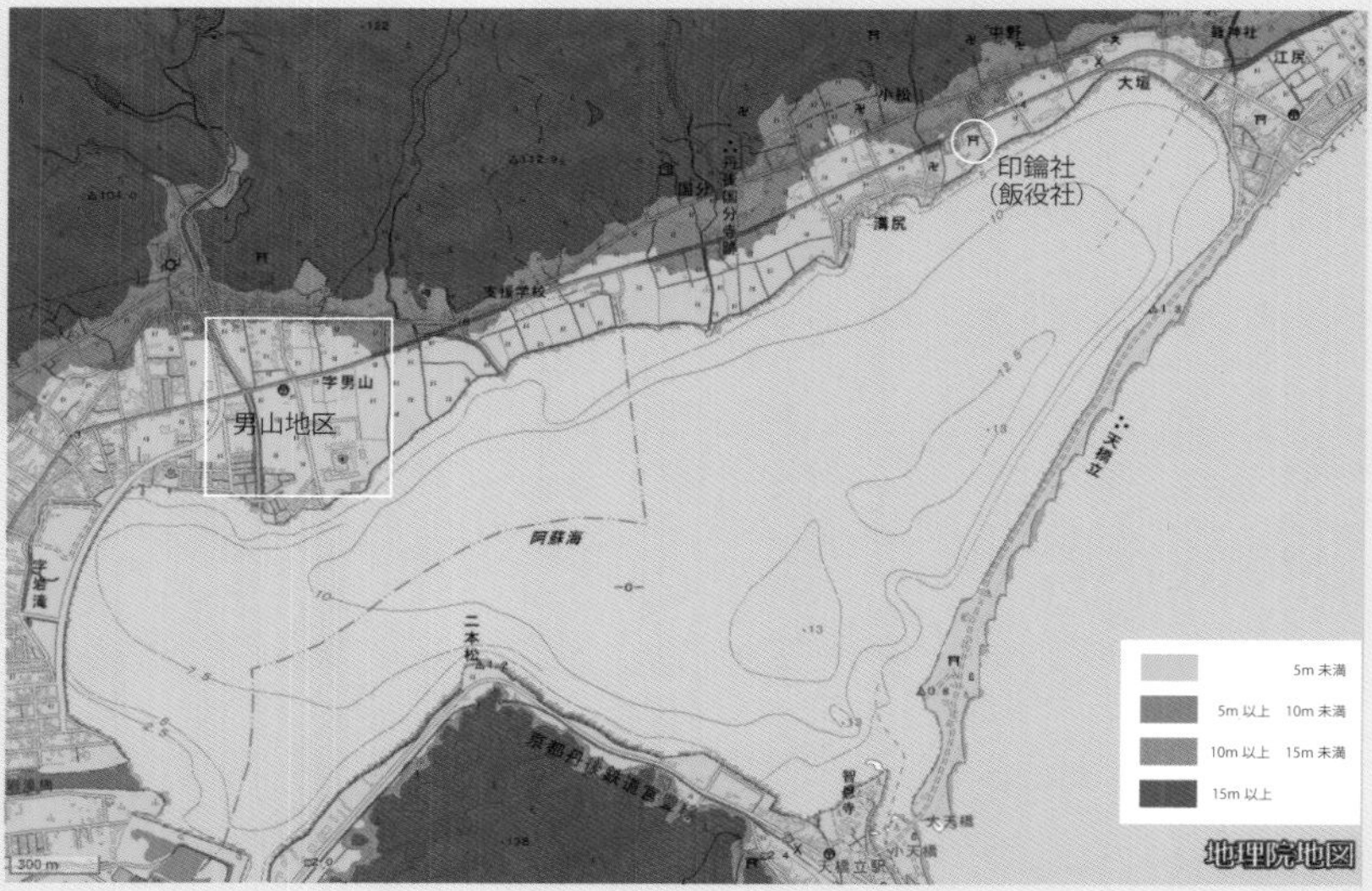

4-❸ 男山地区～府中地区の地形環境（地理院地図を利用して作成）

ここ以外には考えにくいことが分かります。

一方、府中地区には国分寺の他にも、国務に使われた印と鍵に関わるとされる「印鑰社《いんやくしゃ》」に由来する飯役社（図４‐４）の存在が指摘されており、古くから国府の立地する可能性が説かれていました。ただ図４‐３を見ても分かるように、飯役社のある付近は起伏ある地形が連続して続いており、男山地区のような広い面積の平坦地が確保できる場所はありません。そのため、与謝郡内の国府としては、男山地区説が有力でした。

しかし、全国で国府域に関する研究が進むにつれて、国府のイメージが大きく変化し始めました。発掘調査がなされた場所もありましたが、行政機能

4-❹ 飯役社（印鑰社）（筆者撮影）

の中心となる政庁や租税を保管する倉庫、付属寺院といった建物が、空間的に一まとまりにまとまって立地するのではなく、むしろ地形条件などに応じて分散的に広がっているのではないか、と思わせる痕跡が検出される事例が現れたのです。そうした知見が積み上がっていった結果、1990年代になると国府は必ずしも方形方格の都市プランをしていなかったのではないか、という考えが登場します。こうした見解を最初に示した金田《きんだ》章裕は、国府を方形方格ではなく「市街不連続・機能結節型」の概念・イメージでとらえ直すべきだと主張しています。つまり、空間的なまとまりではなく、国庁と道路

4-❺ 市街不連続・機能結節型の国府域モデル
(金田章裕 (2002) より転載)

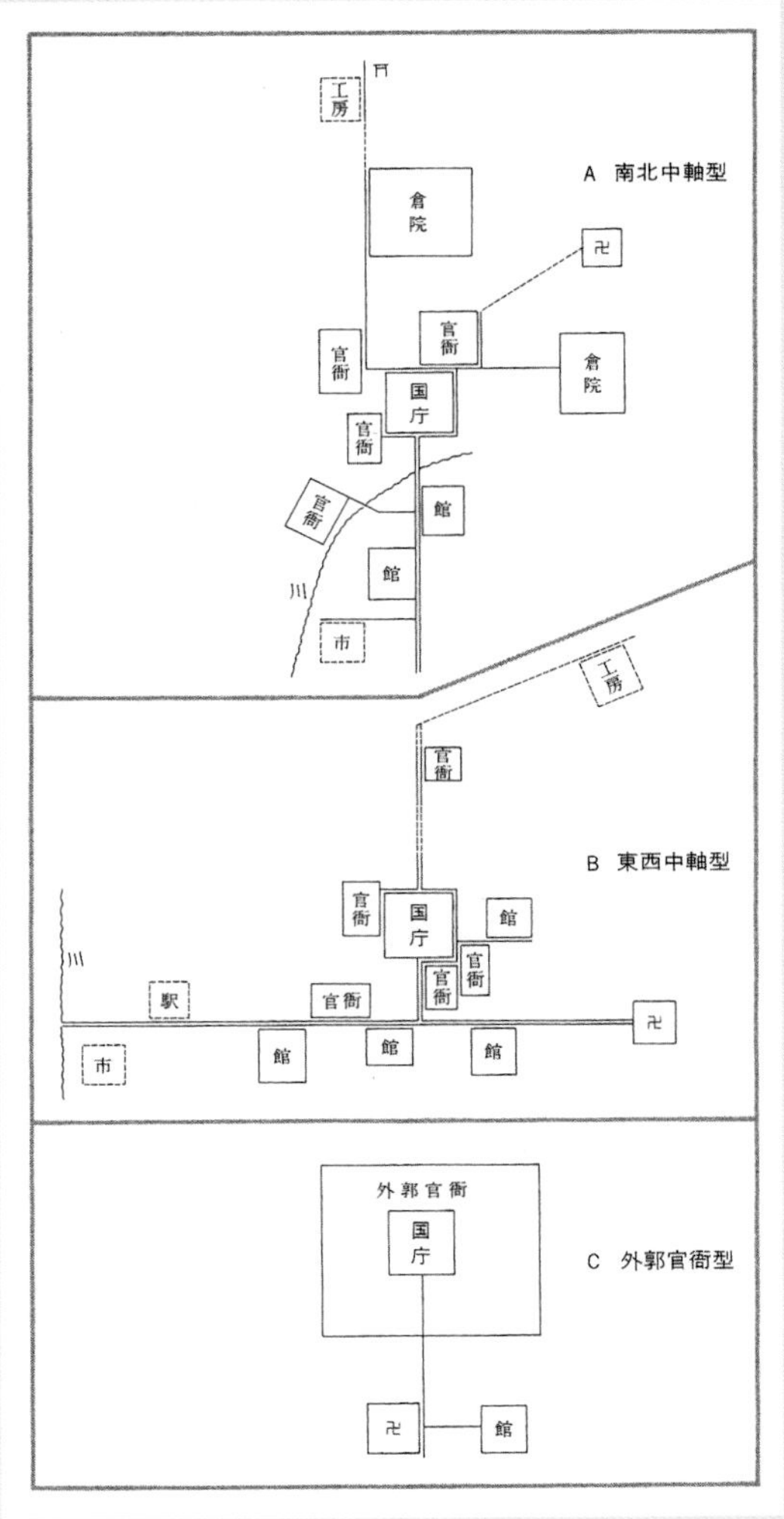

を核として諸施設が機能的に結ばれているイメージです（図４－５）。

しかも、この見解が提出されるにあたって再検討された近江国府の場合、発掘調査が進むなかで、国府に関する主要な施設の多くがそれぞれ別の小丘陵に立地していることも分かってきました。国府の諸施設は必ずしも平坦地に位置するのではなく、起伏のある場所に分散していてもよいことが示されたのです。

こうした新しい見解をふまえると、国府域は必ずしも一定面積の平坦地を有さなくてもよいことになります。丹後国の国府探しでも、平坦地を有する男山地区が絶対的に有利な条件にあるわけではないことになりました。平坦地の面積は狭く、扇状地による起伏が連続する府中域であっても、いや、そうした起伏のある地形のほうが、むしろ先行して調査が進んでいる近江国府などの条件に合致することになります。

かくして2000年代になると、与謝郡内の国府域の比定地として府中域が前面に出てくるようになりました。そして近年、宮津市教育委員会による府中地区・安国寺遺跡の発掘調査で、国府に関連すると思われる施設や遺物が次々と明らかになっています。安国寺遺跡は丘陵上の遺跡ですが、それに隣接する中野遺跡でも古代の遺物が出土しています。こうした過去の成果も含め、府中地区の古代像が大きく変わろうとしています。

4-❻ 府中地区（地理院地図（淡色地図）を利用して作成）

国府の諸施設を結ぶ道

発掘調査は、地下に埋もれた過去の情報を明らかにしてくれる点で、景観の復原には大きな威力を発揮します。今後も府中地区の発掘の進展は大いに期待したいところです。一方で、発掘調査以外にも過去の景観を推測するための手がかりを得ることはできます。一つは文字による史資料、一つは図像資料、そしてもう一つは景観そのものです。現在の景観を主要な「資料」として、過去の景観を復原しようとする方法は、地理学のなかで伝統的におこなわれてきました。ここでも、その視点で、古代丹後国府の範囲を考えてみましょう。特に、近年の国府域の議論で再脚光を浴びている国府の諸機能を結びつける道路に注目したいと思います。

各国の国府には都（平城京・平安京）から駅路

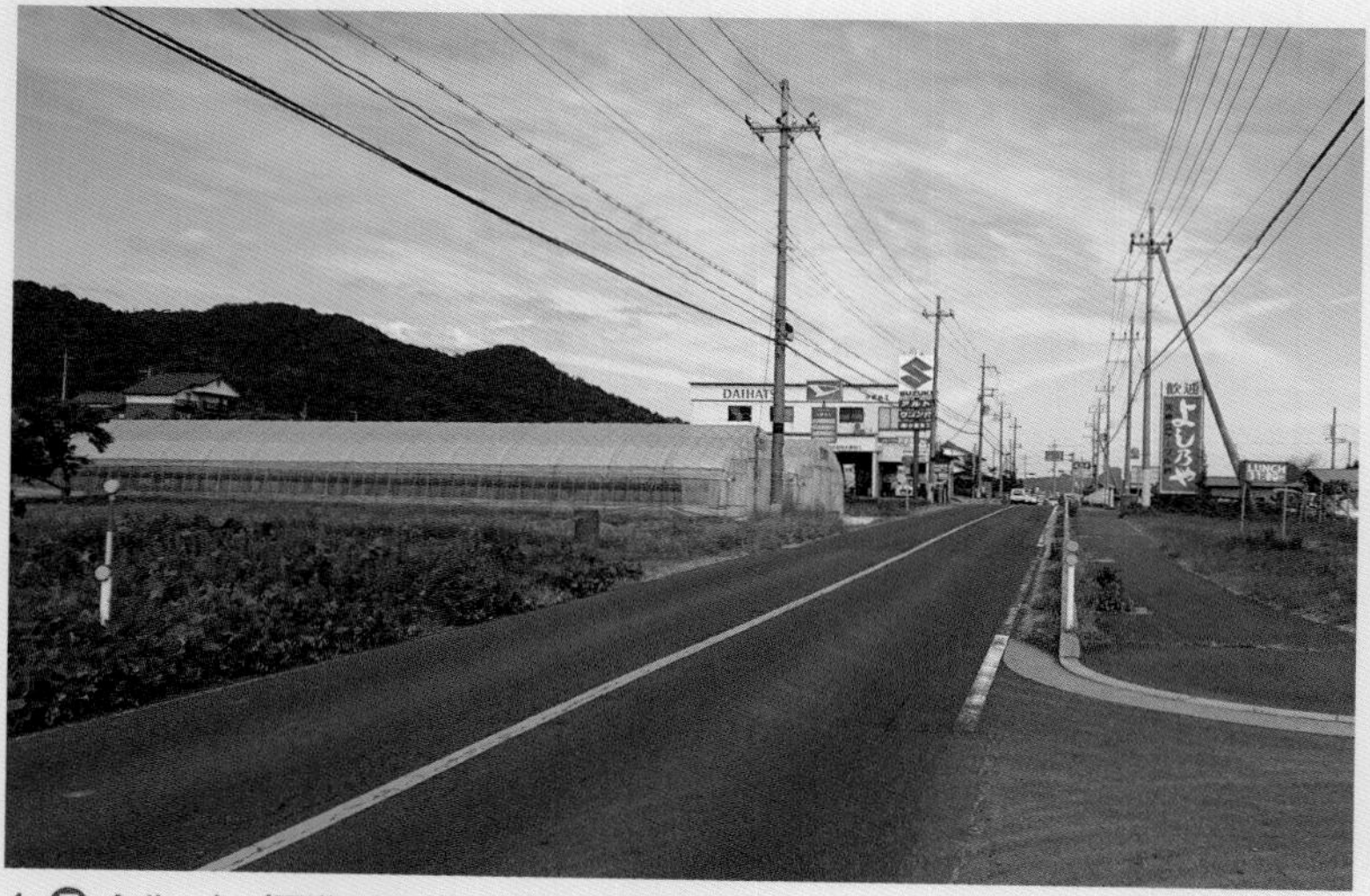

4-❼ Aルート（国道178号）（筆者撮影）

4-❽ Bルート（筆者撮影）

4-❾ 明治期の地籍図に見える道路・地割1
(「丹後国与謝郡　国分小松溝尻中野大全図」 所蔵：府中地区連合自治会)

（えきろ／うまやみち）が通じていました。駅路は山間地を除けば直線的に敷設されていたことが明らかになっています。丹後国が通じていたのは山陰道でしたが、山陰道の本線ではなく、丹波国からの支線が丹後国府まで延びていました。この駅路（支線）が丹後国府の諸機能を結びつける屋台骨となっていたと思われますので、まずは直線的な道路を探す必要があります。といっても、山と海に囲まれた狭い範囲ですから、候補となる道はそれほど多くありません。もちろん、現在は失われた道であった可能性もありますが、明らかに計画的な道が2本——図4-6のAルート・Bルート——見えますので、そのどちらかであった可能性は高いでしょう。

　AとBの2本の道は、それぞれ図4-

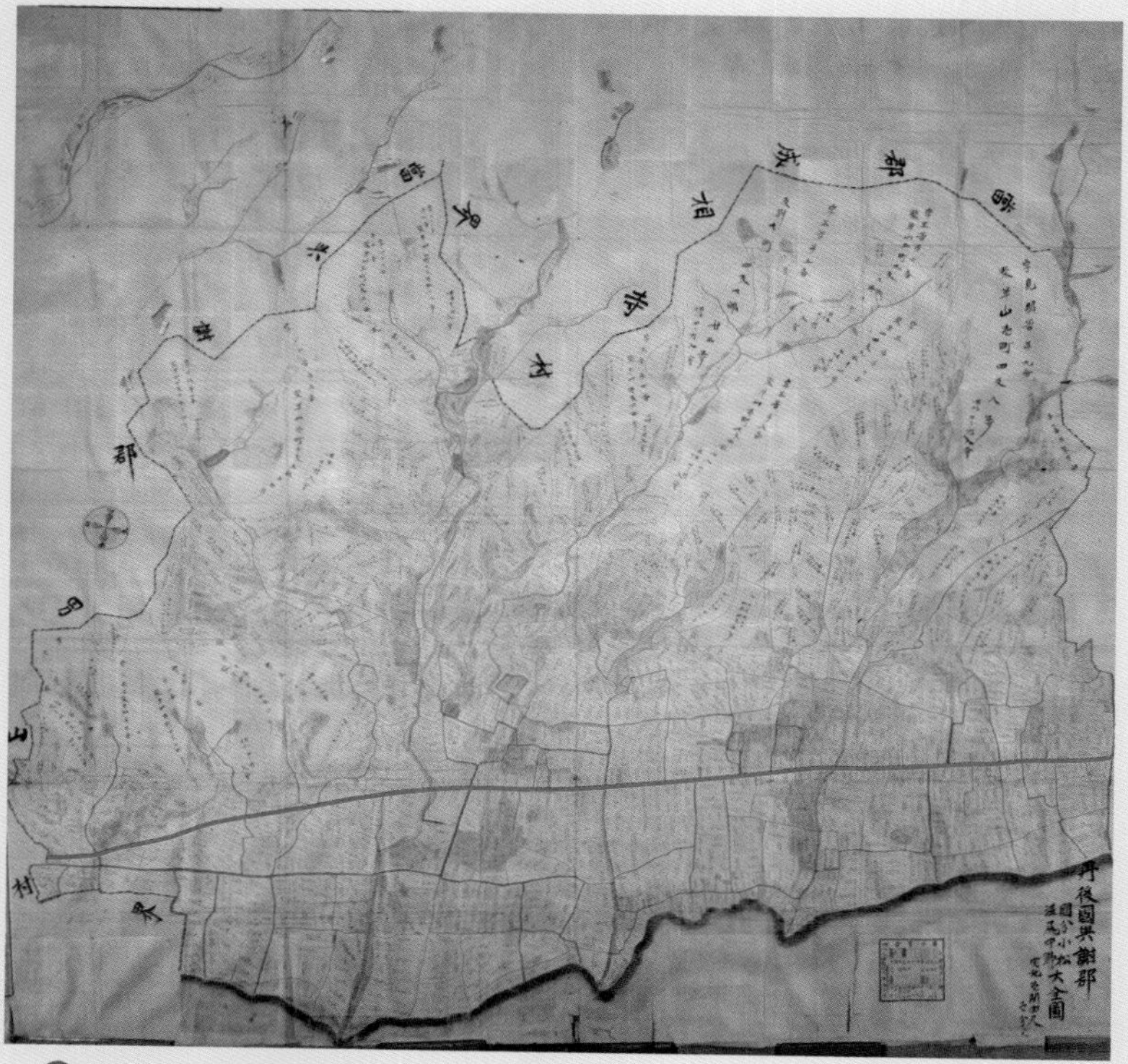

4-⑩ 明治期の地籍図に見える道路・地割２
（「丹後国与謝郡 江尻難波野大垣中野大全図」 所蔵：府中地区連合自治会）

７・８のような景色なのですが、皆さんはどちらがより古い道だと思いますか。国道１７８号と位置づけられているＡは、府中地区を車で訪れる人の大部分が利用する幹線路となっています。一方、Ｂは車の離合が難しい部分もあり、集落の人たちが使う生活道となっています。また、写真や地図を見ると、Ａは集落を貫いていませんが、Ｂは府中地区の旧集落の多くを貫いています。こうした点から、より古くからあるのはBと考えることができます。他にも水路の敷設具合などから道の新旧は想像できますが、そうした点は実際に歩いてみないとよく分かりませんし、ここでは指摘に留めましょう。

それにしてもBの道は随分と起伏のある道となっています。少し戻りますが図4-3で地形との関係を確認してみると、Bは山から張り出した大きな二つの起伏——この張り出しは扇状地です——を上っては下り、上っては下りを繰り返すという、体力自慢向けのルート設定になっています。ただし、図4-6から分かるように、籠神社を過ぎるあたりからBの道は等高線に沿う形で曲線を描くようになります。ですので、起伏を上り下りするという特徴はどうも籠神社くらいまでのようです。図4-9・10は、府中地区に関する明治時代の地籍図ですが、これらを見ても、籠神社よりも南側の部分は直線的であるのに対して、籠神社を過ぎたあたりから北側については曲線の多くなる道に変わっています。ですので、こうした特徴は近代以前に遡ることが分かります。

一本の道にもかかわらず、地形の起伏を無視して直線的に敷設された部分と、地形に沿って曲線的に敷設された部分があるというのは、どのように解釈すればよいでしょうか。それは、道路に関わる計画が違っていたということです。籠神社よりも北側は徒歩で通過する際になるべく負担の少なくなるように、傾斜に沿う形に道路ができ上がっていったと推測できます。先人たちが日常的な生活を営むなかで造っていった道です。計画に基づいて造られたというよりも、自然に造られていった可能性が高いものです。

それに対して、籠神社よりも南は自然発生的な要素が確認できず、明らかに意図的に敷設されています。その意図が果たして何であったのか、という点が次なる課題となるわけですが、その答えとして可能性の高いのが、先に示した国府の基軸道路です。つまり、古代丹後国府の中軸線として機能した道というわけです。この推測が正しいとするならば、府中地区の北側には国府域はあまり広がっていなかったということになります。

府中域の中で、おおよそ籠神社付近までが丹後国の政務に関わる諸機関の集まる空間であったのでしょう。それは天橋立を眺めることのできる範囲と言い換えることもできます。天橋立が見える好立地の場所に丹後国の諸機関が分散的に立地したわけです。実際、先に触れたように、発掘調査によってBの道路が通過する丘陵上に官衙《かんが》施設跡と思われる遺構が見つかり始めています。

天橋立を訪れた際は、ぜひ起伏あるBの道をたどり、丘陵上からどのように天橋立が見えるかも確認してほしいと思います。

府中の門前集落と寺社

古代丹後国府の中軸線として想定した道が籠神社に到着する直前には、背後の山に整備された傘松公園に至るケーブルカーやリフトの乗り場があります。図4-11の画面左

4-⓫ ケーブルカーに至る道（筆者撮影）

中央から横切る道（といっても建物で見えません）が、先ほどから話題にしたBの道の延長です。そして、画面下から上に向かう道は傘松公園や成相寺に向かう参道の一つ（大谷道）です。写真右奥にはケーブルカー・リフト乗り場が見えていますが、付近一帯は土産物屋が立ち並ぶエリアとなっています。傘松公園が設置されたのは１９１９年、ケーブルカーが設置されたのは１９２７年で、以後、天橋立を見渡す絶景スポットとして知られるようになっていきました。天橋立といえば「股のぞき」が有名ですが、この独特な見方が生まれたのもこの傘松公園でした。傘松公園からの眺めは絵はがきなどを通じて広まり（図４-12）、天橋立を訪れた多くの人が傘松公園にも向かうようになります。こうした人の流

4-⑫ 絵はがき「天之橋立 股のぞき」（所蔵：京都府立大学）

れのなかで、麓の駅から籠神社にかけての一帯に土産物屋が多く立ち並ぶ景観が生まれていくことになります。

ただ、大谷道自体は参詣路として江戸時代からありましたし、傘松公園として整備される以前にも山腹に休憩所はありました。ですので、公園整備以前においても、参詣者を相手にした生業が付近に成立していたことは間違いありません。

それがどれくらいまで遡ることができるのかについて、はっきりとしたことは分かりません。しかし、たとえば16世紀後半（室町時代）の作と考えられている『成相寺参詣曼荼羅』（図4-13）には、西国三十三所の二十八番札所となっていた成相寺や周囲の寺社を参詣する人々が多く描かれ、画面下部には家が連続的に並ぶ様子も表現され

4-⑬『成相寺参詣曼荼羅』
（室町時代 所蔵：成相寺（画像提供：京都府立山城郷土資料館））

ています。デフォルメの多い資料ですし、実態を議論するには難しい点もありますが、この時期の府中地区に多くの人々が訪れていたことは確かでしょう。

府中地区、さらには天橋立周辺のことを知ることができるさらに古い絵画資料として、雪舟（1420-1506）の『天橋立図』を外すことはできません（図4-14）。制作年は諸説ありますが、雪舟が60代以降の作品という点では一致しています。雪舟は国宝に指定されている作品がもっとも多い人物

4-⑭ 雪舟「天橋立図」（所蔵：京都国立博物館）

ですが、他の作品には雪舟の想像・理想を色濃く反映した風景が表現されているのに対し、『天橋立図』は現実の景観をもとにして描かれた作品となっています。雪舟が天橋立周辺に赴いたことはほぼ間違いないとされており、美術作品としての価値もさることながら、今から500年ほど前の天橋立周辺の様子が分かる一級の資料となっています。

　この絵の府中地区を見ると、多くの寺社や民家が立ち並んでいる様子がはっきりと描かれています（図４‐15）。実際にどれほどの家が立ち並んで

4-⑮ 雪舟「天橋立図」（部分）（所蔵：京都国立博物館）

いたのかは不明ですが、田畑の広がる農村的な景色ではなく、家が密集して並ぶ都市的な景色が広がっていたようです。

府中地区は古代に引き続き、中世も都市的な性格を持つ空間としてあり続けていました。ただ、『成相寺参詣曼荼羅』や『天橋立図』を見る限り、中世の府中地区は地方政治の中心としての機能もさることながら、信仰の中心としての機能も大きかったようです。宗教都市もしくは門前町としての側面も強かったのではないかと思います。

そうした宗教性は成相寺や籠神社、国分寺といった寺社が多く集まっていることで生まれる機能ですが、それらが集まる前提として、天橋立の醸し出す聖性があることは、改めて確認しておきたく思います。たとえば成相寺は、現在の境内から山を少し上ったところに、奈良時代から南北朝期にかけての遺構や遺物が検出される旧境内がありますが、旧境内からは天橋立がはっきりと見渡せます。成相寺が天橋立を強く意識して建てられたのは、間違いないでしょう。古代の国府機能と同じく、こうした寺社も天橋立に引き寄せられる形で建立されたのです。

天橋立世界遺産登録可能性検討委員会編（2017）『「天橋立学」への招待――〝海の京都〟の歴史と文化――』法藏館
金田章裕（2002）『古代景観史の探究――宮都・国府・地割――』吉川弘文館
宮津市史編さん委員会編（2002）『宮津市史　通史編　上巻』宮津市役所
宮津市史編さん委員会編（2004）『宮津市史　通史編　下巻』宮津市役所

コラム4「景観」と「風景」の違いとは？!!

景観と風景、この二つの単語が重なる意味を持っているのは確かです。数学の授業でお馴染みのヴェン図で表すと、図4C‐1のようになるでしょう。風景の円（A）と景観の円（B）の重なった部分（C）が、意味の重複している部分を指します。図4C‐1は説明のために分かりやすく描いていますが、意味の重なりはずいぶんと多いように思いますので、実際は図4C‐2のようにCの部分の面積が圧倒的なのかもしれません。

ただ、たとえそうだとしても、二つの円が完全に重なるわけではありません。その端的な例が「風景画」という言葉です。「風景画」を「景観画」と置き換えると、違和感を覚えませんか。その違和感にこそ二つの単語のニュアンスの

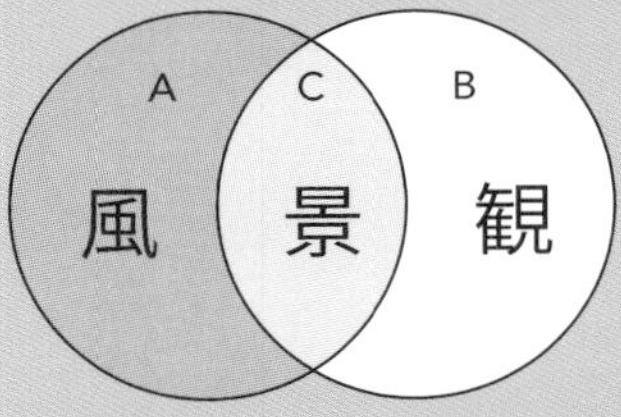

4C-❶ 風景と景観 1

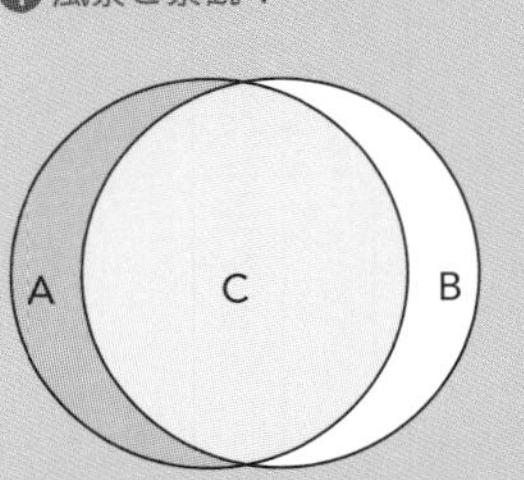

4C-❷ 風景と景観 2

4C-❸カナレット「サンマルコ広場」
(1730-1734年)(所蔵:フォッグ美術館)

違いが含まれていそうです。

実は美術史の世界には、都市景観画というジャンルがあります。ヴェドゥータというイタリア語に対応する訳語です。そうであれば都市風景画でもいいじゃないかとも思うのですが（実際、そう訳されている場合もあります）、都市風景画と訳すとヴェドゥータの持っている意味内容をうまく伝えられないために、都市景観画という言葉が定着したのだと思います。

ごく簡単に言えば、目の前にある景色をそのまま描写することをめざしているのがヴェドゥータの特徴です。ヴェドゥータというジャンルが確立し、花開いたのは18世紀のヴェネツィアだといいます。ヴェドゥータを得意とした画家の一人、カナレットの作品を見ていると、ヴェネツィアをそのまま「生き写し」にしたかのような細かい描写に圧倒されます（図4C‐3）。18世紀のヴェネツィアに行ったことはないですが、それでもこの絵を見ると「こういう場所だったのだろうな」と納得できる、そうした現実味を色濃く持った作品です。まるで写真で撮ったかのような作品とでも言えるかと思います。

一方、いわゆる風景画にはどういったものが含まれるのでしょうか。図4C-4はセザンヌが描いたサント＝ヴィクトワール山です。セザンヌはこの山をモチーフとした絵をいくつも発表していますが、どれも描き方が少しずつ違っています。その時々にセザンヌの心に映じた姿がキャンバスに表現されているといってよいでしょう。景色を描いたものであるとしても、画家の心に映じたその時々の心象が強く反映しているからです。

風景画というのは、実際の景色というよりも作者特有のフィルター越しに眺めた景色ということになります。観覧者は、もちろんその対象となった景色そのものへの評価もしますが、むしろ作者の景色の見方・とらえ方に対して共感したり、違和感を持ったりするのです。

実は、カナレットのヴェネツィアの絵にも、同じようなことが言えます。実際にはあのような印象的な光線で広場が照らされていなかったかもしれませんし、あれほど絶妙に人々が広場に散らばってはいなかったかもしれません。そもそも絵画にしようとした点で、カナレットの心に何らかの衝動が起きていたでしょう。それは画家本人の極めて個人的な感情です。

しかし、それでもカナレットの作品が「写真で撮ったかのよう」に見えるのは、そこに描かれたヴェネツィアが、私たちが共有している「ヴェネツィア像」と近いものだからに他なりません。そのため、カナレットの個性が現れたととらえるのではなく、私の見たヴェネツィアをカナレットが表現してくれた、そう錯覚してしまうのです。この場合、（本当は違うのですが）作者カナレットと鑑賞者はヴェネツィアの見方・とらえ方を共有していることになります。

こうした点から考えてみると、共感できる側面が多いと風景、共有できる側面が多いと景観という言葉が似つかわしくなると言えるでしょう。

ただし、図4C－2のように、両者の意味は大いに共通していますし、共感と共有もそれ自体が相互に関連するものです。その点は忘れるべきではありません。

4C-❹セザンヌ「サント＝ヴィクトワール山」（1902-1904年）（所蔵：フィラデルフィア美術館）

第5章「景観」の誕生——文化的景観とは何か？

The birth of "Landscape" — What is Cultural Landscape?

「景観」の周りが騒がしい

2005年は、「景観」にとって、大きな節目の年でした。というのも、「景観法」なる法律が施行されると同時に、改正「文化財保護法」が施行され、「文化的景観」という新しい文化財カテゴリーが誕生したからです。「景観」が日本の国内法のなかで使われ始めた、という記念すべき（？）年なのです。

このとき、風景という言葉が採用されなかったのは、法律の性格を考えれば納得できます。風景は人々の共感のなかに立ち現れるのに対して、景観は人々の共有するととらえ方のなかに立ち現れます。法律は共感よりも共有を指向するのは明らかですから、風景法というのは、やはり法律としてなじまなかったのでしょう。

もちろん、法律に導入される以前から、景観は社会のなかで守り伝えるべきものであるという意識が共有され始め、地域によっては景観の保護や活用に取り組んでいるところもありました。そうした先進的な取り組みに学びつつ、一定の法的な根拠や効力をともなうようになったのが2005年であった、ということになります。さらに言えば、景観法や文化財保護法は、共有すべきとらえ方の一端を示すものとして制定されたということができます。あくまでも一端である、ということには注意が必要ですが、それまでに比べて景観を社会のなかにどのように位置づけるのかが問われるようになったことは間違いありません。

興味深いことに、2005年は「景観」という言葉が誕生してから、おおよそ100年でした（ぴったり100年でないのはご愛敬です）。そして、100年を振り返ると、言葉の意味は少しずつ変化しています。ここでは、景観という言葉の歴史を簡単に振り返ることで、景観の持つ豊かな意味や可能性を確認したいと思います。

景観の誕生

小学館の刊行する『日本国語大辞典』は、語意だけでなく歴史的な用例が載っているので、単語がいつ頃から使われてきたのかを確認するのに便利です。『日本国語大辞典』で「風景」をひくと、最古例としては751年に編まれた最古の漢詩集『懐風藻《かいふうそう》』に載せられた漢詩がでてきます。それ以降の用例も出ており、たとえば江戸時代初期に作られた『日葡《にっぽ》辞書』（イエズス会士が作った日本語・ポルトガル語辞書）にも「ところのけしき」として意味が載せ

5-❶ 三好学

られていることが分かります。

このように、日本語として長い間定着してきた「風景」の歴史に対して、「景観」という言葉の歴史は、それほど長いものではありません。『日本国語大辞典』の用例としても、1905年が最古例となっています。実はその3年ほど前が初見なのですが、いずれにしても100年ちょっと前のことです。

景観という言葉については、「ラントシャフト」というドイツ語（Landschaft）の翻訳語で、その訳を付したのは植物学者の三好学（図5-1）だと説明している文章をみかけます。その根拠となっているのは、東京帝国大学教授（当時）であった辻村太郎の著書、『景観地理学講話』（1937年、地人書館）です。この本は大きな反響を呼び、それ以来、「景観＝ラントシャフト」が定説となりました。

ただし、この「景観＝ラントシャフト」説に三好学は関係しない、というのが本当のところのようです。三好が「景観」という言葉を創り出したことは、おそらく間違いありませんが、三好がラントシャフトの訳語として使った形跡はありません。少し説明しておきます。

三好が「景観」の語を初めて使ったのは、1902年に刊行された『植物生態美観』（冨山房のなかですが、そこには明確な言葉の説明は見当たらず、最初の時点でどのような意味合いを持たせていたのかについてはよく分かりません。彼自身が景観の定義を表明するのは4年経った1906年の「植物の景観」という論文が最初となります。そこでは「独語でフェゲタチオンス、アンジヒテンと称するもの」とされています。フェゲタチオンス（Vegetations）は「植生」の意、アンジヒテン（Ansichten）は「ながめる」の意です。植生を意味するとは意外ですが、生みの親は二つの意味をあわせ持つことを意図して「景観」という言葉を使ったのです。

しかし、親の思いがそのまま引き継がれていくことはありませんでした。そうしたズレは言葉の誕生したすぐ後から始まります。『植物生態美観』は刊行されてすぐに、文章の一部が国語の教科書に採用されることになりました。その文章には「景観」という言葉も含まれていました。誰も見たことのない単語ですので、当然ながら説明が付与されることになるのですが、そこには「ながめ」とのみ記されたのです。植物学者たる三好としては、フェゲタチオンス（植生）の意味も重視していたと思いますので、国語分野へのこうした派生については複雑な思いで見ていたかもしれません。もっとも、三好がフェゲタチオンスとアンジヒテンだと明確に述べる1906年よりも前に、教科書にいち早く採用されてしまったので、しょうがないともいえます。ともかく「景観＝ながめ」が一般的には広まっていきました。

また、どうやら三好自身も景観という言葉に固執していなかったようです。その後の研究論文や著作を見ても、強い意志や確固たる信念を持って「景観」という用語を使っているようには見えないからです。三好は日本の植物学に群落としての植物（＝植生）という見方を導入した張本人ですから、三好がフェゲタチオンスの意として「景観」を使い続けていれば、そうした意味合いが残ったはずです。

ランドシャフトとの遭遇

さて、ではなぜ景観とラントシャフトが結び付いていったかといえば、それは地理学のなかでの熱い議論が関わっています。

地理学それ自体は、古代ギリシャ・ローマ時代から存在する学問分野ですが、近代的な学問（近代地理学）として整備されていく段階ではドイツ地理学が世界をけん引していました。ちょうど、三好が最新の植物学をドイツに学びに行っていたのと同じ頃の話です。19世紀後半から20世紀前半にかけて、各国の研究者がドイツに留学し、ドイツの議論を持ち帰って、各国で独自の展開をさせていったのです。

こうした時代のドイツ地理学のなかで、中心的な話題の一つだったのがラントシャフト概念をめぐる議論でした。ラントシャフトの解明が、地理学の命題の一つとして位置づけられていたからです。ただし、というべきか、だからこそ、というべきか、ラントシャフト論には大きな課題がありました。ラントシャフトをどのように定義づけるか、というものです。

定義づけが学問にとって極めて根本的な問題として立ち現れることになり、ドイツ地理学のなかでラントシャフトの意味をめぐって侃々諤々の議論が展開されたのです。

こうした状況下に、世界中からドイツ地理学を学びに来る研究者が押し寄せ、それぞれが自分に合ったラントシャフト論を持ち帰り、さらにはそれを自国の状況に合わせつつ、自国語に翻訳していくことになりました。結果として、実に複雑なラントシャフト論が世界中に巻き起こったのです。日本でもそうした状況は変わりません。日本では１９２０年代以降、盛んにラントシャフト論がドイツから導入されていきましたが、ラントシャフトから想起する概念やイメージが多様であるので、当然、日本語に当てはめていく際にも、多様な訳語が登場していくことになりました。たとえば英語圏であればランドスケープ（Landscape）という言葉がラントシャフトに対応しますので、ひとまず訳語の問題は置いておいて、その意味に議論が集中するわけですが、日本の場合は、ラントシャフトに対応する日本語の単語がそもそもありませんでしたから、ラントシャフトの意味を汲む形で、どうしても似た単語を訳語として使うか、新たな単語を作ることになります。つまり、ラントシャフトをどのようにとらえるのか、ということが、翻訳語の選択（創出）にも大きな影響を与えたのです。たとえば、「風景」を訳に当てた研究者もいましたし、「景域」という言葉を作った研究者もいました。

そうした議論を収束させ、ラントシャフトの訳語は「景観」であるという方向性を定着させるのに大きな役割を果たした一冊が、先ほど紹介した辻村太郎の『景観地理学講話』だったのです。

見た目派とまとまり派

ドイツ地理学のなかで、ラントシャフトの意味は実に多様に議論されていました。そのなかで日本の地理学に持ち込まれて影響力を持ったものは、大きく二つの系統に分けられます。ここでは、「見た目派」と「まとまり派」という名称で分けておきます。実際は「派」と呼べるほど組織的な動きが顕著であったわけではなく、各研究者がどちらにより重きを置いているかというくらいですが、ここでは便宜的にこのように呼んでおきます。

「見た目派」は、ラントシャフトを可視的な側面からとらえます。目に見えている土地の示す性質から地域を明らかにすることが地理学の学問的目標の一つである、というのがおおよその考えとなります。辻村はこの「見た目派」の最右翼に属していたといってよいでしょう。辻村は『景観地理学講話』の中で、ラントシャフトの意義はまだ定まっていないとしながらも「大体に於て眼に映ずる景色の特性と考へて差支えない」としています。そうしたなかで、当時、「ながめ」という意味で認知されていた「景観」を訳語として当てていったのです。

それに対して、見えないものも含めて一つのまとまりとしての地域を指すのがラントシャフトだ、と考える立場に立ったのが「まとまり派」です。その代表的な人物は、京都帝国大学教授（当時）の小牧実繁で、「広がりのある、物の充塡した、統一ある全体としての土地」（『先史地理学研究』内外出版）といった意味でラントシャフトをとらえています。

そもそもドイツ語のラントシャフト（Landschaft）はラント（Land）とシャフト（schaft）という二つの部分から成り立っています。ラントは土地を示し、シャフトはまとまりを示す接尾語ですので、ラントシャフトは土地のまとまりという意味合いを強く持つ単語です。そのまとまりは目に見えるものだけでなく、言葉使いやコミュニティ、慣習といった目に見えない要素も大きく影響します。まとまり派というのは、こうした点を重視するわけです。

この二つのとらえ方は、たとえば氷山に例えられるかもしれません（図５‐２）。氷山は海の上に出ている部分しか見ることはできませんが、海の下にも氷塊はつながっています。現在のようにレーダーが発達している現代は海の下の状況もかなり把握できるようになっているかもしれませんが、それ以前は海の上に出ている部分で危険を察知しました。見える部分を重視する「見た目派」とは、このような視点だと言えます。見えている世界を的確に読み解くことは極めて大事だ、という立場です。それに対して、「まとまり派」というのは、見えている部分は「氷山の一角」に過ぎないとする視点

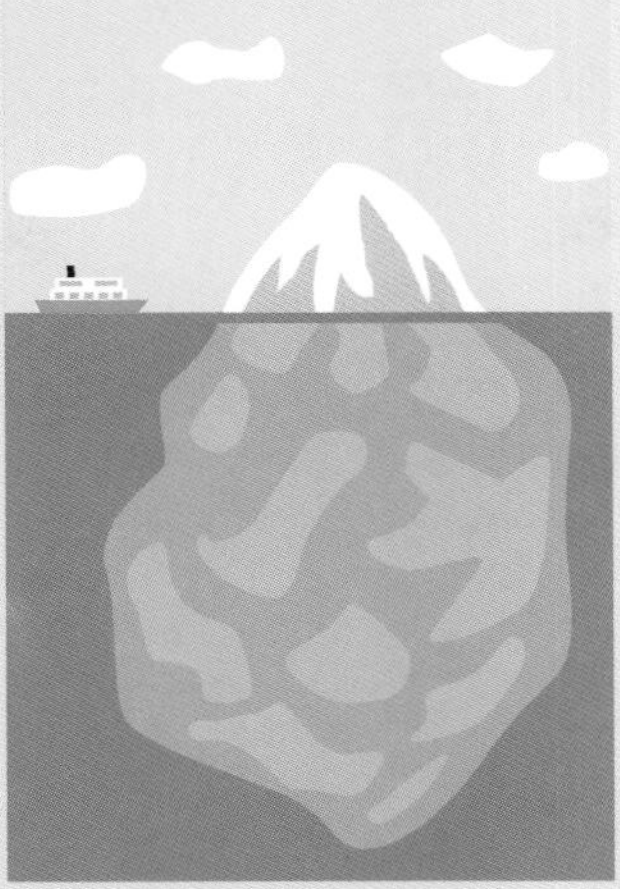

5-❷ 氷山のとらえ方

だと言えます。「Tip of the iceberg」と、英語にもほぼ似た慣用句がありますので、一部ではなく全体をとらえよ、という教訓は、日本だけに限るわけではなさそうです。

なお、小牧の『先史地理学研究』が刊行されたのは1937年で、辻村の『景観地理学講話』と同じ年です。そのなかには、景観について「これはLandschaft、landscape、paysageの訳語で適訳とも思はれないが暫くこの慣用語を使用する」と説明しています。小牧は景観という言葉を気に入っていないことが分かります。

こうしたまとまり派に対して、見た目派の辻村は『景観地理学講話』内で「ドイツの地理学者の中に景観地域（Landschaftgebiet）を景観と呼ぶ人も少くない《ママ》が、混同を防ぐ為に此所では地域の意味を含ませない」と断言していますので、その立場の差は明確です。そして、先にも述べたように、訳語争いで最終的に主導権を握ったのが、見た目派でした。小牧にしても、ラントシャフトの訳語としてすでに景観が「慣用語」となってしまっていた現状に対して不満は表明したものの、抗えなかったわけです。

結果と過程

少しだけ、「景観」の黎明期をひも解きました。要点だけをまとめておきましょう。

- 景観という単語自体は植物学者の三好学が1900年代に使い始めた。
- 三好はフェゲタチオンス（植生）とアンジヒテン（ながめる）の意で景観を使っていた

が、一般的・国語的には、「ながめ」という意味で広まった。
・1920年代以降、地理学のなかでラントシャフト論が高まった。そのなかでは「見た目派」と「まとまり派」が有力だった。
・ラントシャフト論の隆盛とにともなって、ラントシャフトの訳語についても、多様な議論が交わされたが、景観を「眼に映ずる景色の特性」と定義した辻村太郎の『景観地理学講話』が最終的に大きな影響力を持った。
（・辻村太郎が、三好がラントシャフトの訳語として景観という語を与えた、と書いたが、これは間違い）

こうした結果、今までは一般的には「景観＝ながめ」という理解が定着しています。ただし、話はそう簡単ではありません。景観の語意としては「見た目」という流れが一般的になったのですが、実際に景観を分析する際は、見た目だけではなく、見えない要素も含んで考えるということが、その後もずっとおこなわれてきました。語意論としては「見た目派」と「まとまり派」などと分けることはできるかもしれませんが、実態は、そうきれいには分かれていなかったのです。というのも、この二つの区分は、最初の1歩は違えども、2歩、3歩と進んでいくと、もはや違いが分からなくなる、というたぐいのものだからです。先ほど、便宜的に分けておくと述べたのもそのためです。

「見た目派」というのは、確かに可視的な側面を大事にします。そして、「いま、見えている景色（＝景観）の特性を理解しよう」という方向で研究が進みます。そうなると、たとえば工業都市であれば、周辺の原料生産地であったり消費地であったりとの関係性をとらえようとしたり、歴史的な推移をとらえようとしたりします。でも、こうした生産―消費の関係性というのは目には見えませんし、歴史もそれ自体は目には見えない流れです。また、たとえば稲作地帯であれば、水利慣行や祭礼といった民俗的な側面や、共同作業の中心となるコミュニティといった社会的な側面の分析、地下水量の季節的変動といった点なども調査対象です。やはり、目に見えているものだけの調査では何も分からないということになります。見えている景観を分析しようとすると、そうした景観を作り上げている見えていない（見えにくい）要素も検討対象となっていくわけです。

一方、「まとまり派」はというと、一定のまとまりある地域を求めようとし、その当初から、見えている要素、見えていない要素を問わず、分析の対象に入れます。ただ、そうして得られたまとまりが、どのような形で地表面に表現されているか、という点にも関心を寄せますので、まとまりの結果を述べる際に、可視的な側面を利用することは頻繁です。

こうしたベクトルの違いは、確かに主義・主張にとっては大きな溝かもしれませんが、実際の研究では、二つのベクトルを行ったり来たりしていく作業を積み重ねていくので、研究をすればするほど、立場の違いはあいまいになっていきます。ですので、語意的には「景観＝見た目の景色」となっており、一般の方たちには「景観は見た目がいのち」という感覚があるもしれませんが、調査・分析する者たちにとってみれば、「景観のよさは見えている部分だけじゃないのよ」という点は、多かれ少なかれ了解されることなのです。

文化的景観

こうした、景観は見た目だけじゃないという点は、2005年から文化財のカテゴリーの一つとなった「文化的景観」の理解にも不可欠なものとなります。この点が十分に分かっていないと、文化的景観の魅力や価値を十分に享受できません。

まず、文化的景観についての文化財保護法上の定義を書いておきましょう。

地域における人々の生活又は生業及び当該地域の風土により形成された景観地で我が国民の生活又は生業の理解のため欠くことのできないもの（文化財保護法 第二条）

条文ですので、何やら難しく見えますが、ポイントになるのは、ある地域の「生活又は生業」と「風土」によって作られた景観地だ、というところでしょうか。また、そうしたなかで日本の「生活又は生業」をよく示しているものが評価されるとあります。

ここでいう「風土」というのは、（人間と対照的に利用される）自然という言葉とよく似ていると思います。地球のダイナミックな運動のなかで地質や地形が条件づけられ、気候帯のもとでの年間の気温変化や降水・降雪量などが、河川環境や森林環境を形作っています。文化的景観では、こうした自然からの地域の読み解きが大事な点の一つです。

「生活又は生業」（以後、生活・生業と表記します）というのは人間の営みそのものです。条文の中に「……形成された景観地」とあることから、今この瞬間だけを切り取るのではなく、時間をかけて形成されるものと想定されているので、当然、人間の営みもまた、過去から現在に至る営みの歴史というところが重視されることになります。そこには、地域の生活・生業そのものの歴史に加えて、そこに関係する政治的な要因（たとえば藩によって奨励された作物を栽培する）や経済的な要因（たとえば輸出用の焼物を作るようになる）など、幅広い歴史的な背景を加味する必要があります。もちろん、自然条件の変化で農作物を変えるといったこともあるでしょう。また、営みのなかで形成されたコミュニティや祭礼の所作といった点も生活・生業の基盤として不可欠なものとなります。

こうしたことをみれば、文化的景観の価値は、自然や歴史、それから生活・生業といった多面的な視点から地域を総合的にとらえることで浮かび上がるということが分かります。それは他のどこでもないその場所の個性ということになりますから、文化的景観とは「地域らしさ」そのものと言い換えてもいいかもしれません。

条文に目を凝らすと「景観」ではなく「景観地」となっています。「景観地」という言葉で示されるのは、この文化財が土地に根付いた固定的な存在という点です。文化財には、絵画や典籍などのように動かすことのできる（＝動産）文化財や、祭礼や伝統的な技術などのような形のない（＝無形）文化財もあります。文化的景観は、こうしたものとは違って形のある（＝有形）動かせない（＝不動産）文化財だ、というわけです。

！ 二つの美しさ

有形で不動産というところには可視的という要素が密接に関わるので、文化的景観は「見える存在」だということを導き出すことが可能です。そうなると、文化財というくらいだから、文化的景観は「見た目」が美しい景観のことだろう、と感じる人が出てくるかもしれません。これは大いなる誤解です。先ほど「見た目派」と「まとまり派」が実際上は混ざり合うという点を述べたように、景観の価値は見た目だけに収まるものではありません。

私たちは「美しい」と評価する際に、少なくとも二つのとらえ方をします。一つは「見た目」の美しさです。外見の美と言い換えてもいいでしょう。確かに、はっと息をのむ美しい景色というのはありますよね。

一方で、人間の基準には内面の美といったものも存在します。私がよく例に挙げるのが、陶器を作る陶芸家の手です（図5‐3）。普段から陶土を扱う手は、モデル業の人の手などとは違って、必ずしも美しい外見はしていません。むしろ、節くれだっていたり、陶土で汚れていたりしており、美しいという形容詞は似つかわしくない、というのが普通でしょう。

5-❸ ろくろを回す陶芸家の手

しかし、そうした手が仕事場でろくろに向き合っているとき、私たちはその光景や活き活きと無駄なく動く手を美しいと感じます。なぜでしょうか。おそらく、そうした陶芸家の手に刻まれた修行の跡、刻々と変化する陶土と手の感触で対話をしていく機微、また無駄のない動作、そういったところを総合的にとらえているからです。外見もその要素の一つですが、目に見えない要素や歴史の重みを加味して感嘆の声を上げるわけです。

この例でポイントとなるのは、仕事場でろくろを回しているからこそ、その陶芸家の背景や内面に迫れる、という点です。たとえば、同じ人が普段着で街を歩いていても、その手から何かを読み取ることは難しいでしょう。素敵な手だとは思わない可能性が大きいですし、もし思ったとしても、料理人かなと誤解をするかもしれません。仕事場やろくろ、陶土、そういった周囲のものと一体となり、目には見えない関係性を読み解けたとき、その手は輝きを放つことになります。適切な場所にセッティングされていたからこその読み解きだったのです。それは手の美しさと同時に、全体の美しさを読み解いていることにもなります。

文化的景観というのは、こうした内面の美の現れた景観です。景観のなかには一見するとよく分からない構成要素があるかもしれません。しかし、周囲にある他の要素と一緒に見ていくことで、その地域全体が分かってくる。そうした読み解きのできる景観のうち、特に日本各地の「生活又は生業」に関する理解を深めることのできる場所が文化財としての文化的景観にふさわしい、ということになります。

以下の章では、国の重要文化的景観に選定された地域をいくつか紹介し、こうした内面の美のとらえ方を紹介したいと思います。

岡田俊裕（1992）『近現代日本地理学思想史――個人史的研究』古今書院

小野良平（2008）「三好学による用語「景観」の意味および導入意図」ランドスケープ研究71‐5

文化庁文化財部記念物課（2015）『文化的景観保護ハンドブック』文化庁文化財部記念物課

文化的景観学検討会（2016）『文化的景観スタディーズ01 地域のみかた――文化的景観学のすすめ』独立行政法人国立文化財機構奈良文化財研究所

三好学（1902）『植物生態美観』冨山房

三好学（1906）「植物の景観」理学界3‐10

コラム5 アンドリューズ夫妻の世界から!!

先のコラムに続いて、風景画を題材にしましょう。

図5C‐1は、トマス・ゲインズバラ（1727‐88）の描いた『アンドリューズ夫妻』という作品です。ゲインズバラはイギリスを代表する画家で、肖像画と風景画を得意としました。『アンドリューズ夫妻』は新婚のアンドリューズ夫妻の肖像画というのがメインテーマですが、その背景にはアンドリューズ家の領地が広がっており、肖像画と風景画が組み合わされた作品となっています。

この絵は美術史のみならず、地理学でも何度も議論の俎上に載せられてきた作品です。なかでも有名なのはヒュー・プリンスとジリアン・ローズの議論です。プリンスは画面右側の畑地やその奥に描かれた牧羊の方法が最先端のものであることを突き止め、この絵にはそうした最新の農法を導入できる領主階級の特権が表現されたものだと論じます。

これに対してローズは、男性が狩猟の格好をして動的に表現される一方、女性はおよそ風景には似つかわしくな

5C-❶トマス・ゲインズバラ『アンドリューズ夫妻』
（所蔵：The National Gallery）

い（動けない）格好で静的に座っているという対比を見出します。しかも、女性が座っているのは繁栄の象徴であるオークの木の下で、スカートはまるでオークの根のよう。そこには、新婚の女性がアンドリューズ家の繁栄を支える（＝子を産む）よう期待されていることが暗示されているというのです。また、見渡す限りのこの領地は夫妻のものではなく、夫であるアンドリューズ氏のものであり、この絵は領主階級の特権だけでなく、男性の特権が強く表れていることをローズは指摘しています。

　こうした議論を大学の授業で紹介する際、まずは何も解説せず、ただ作品を鑑賞して、描かれている情景を想像してもらうようにしています。そして、自分なりの読み解き結果を短い文章にして、紹介してもらうのです。毎回、いろいろな見方、とらえ方があって面白いのですが、なかには多くの学生に共通している見方もあります。

　一つはアンドリューズ夫妻の関係が「冷めている」と想像する学生が多いことです。そう考えた理由を尋ねると、表情が硬いというのと、全体がどんよりしているからという意見が出てきます。

実は新婚なのだと伝えると、学生たちは驚きますが、「なんとなくよそよそしいのはそのためか」と考えを更新していきます。とらえ方なんて、あっさりと変わるものです。

夫婦仲に関わる意見よりもっと共通するのが、この絵の描かれた季節を秋だとする想像です。同じく理由を尋ねると、色味が少し寒々しいから、収穫の秋だから、夫妻が長袖を着ていて夏ではないから、といった意見が出てきます。

実際の季節はいつでしょうか。収穫の秋という意見がポイントです。この点を指摘する学生は画面右側の藁束を見て、無意識に稲だと感じています。そこで「お米の国の人だね」と諭すと、ようやく稲ではなく麦であることに気が付くのです。そうなると秋だと遅すぎで、初夏から夏の風景となります。

学生は無意識のうちに自分の「当たり前」の感覚をイギリスに当てはめてしまい、イギリスを稲作文化圏にしてしまったわけです。長袖だから夏ではないと想像したのも、日本の気候を無意識にイギリスに当てはめた結果です。

こうした作業をした後に、初めての場所の景観を読み解く際、「当たり前」や思い込みを取っ払って向き合わないといけない、そのためにも自分の「当たり前」は常に疑うことが必要だと、授業を締めくくるわけですが、それにしても、「当たり前」の感覚は自分の生きる文化や自然環境にも大いに影響を受けて作られていることが、改めて浮き彫りになります。容易には逃れられない、ということも。「当たり前」が悪い、ということではありません。基準となる見方、とらえ方を提供してくれるというのは、自己の確立にとって大いなる味方です。ただ、自分の「当たり前」は万能ではない、ということには自覚的でありたいものです。

そういえば、麦であることには気づいていても秋だと考える学生もいます。麦の収穫時期について、ピンと来ていないようです。「麦秋」という季語も、ずいぶんと遠い世界になりました。

今では稲の場合でも収穫時期の早い「早稲」の栽培が多くなり、また一方で9・10月に入っても暑さが続く状況となっているので、稲の収穫が秋だというイメージも持ちにくくなりつつあります。なかには台風被害を避けるために8月のお盆前に稲を収穫する地域もありますので、そうなると収穫の秋という「当たり前」は完全に通用しません。ただし、たとえそうだとしても簡単に更新されないのが「当たり前」という感覚だ、という気もします。

D・コスグローブ、S・ダニエルス共編（2001）『風景の図像学』地人書房
G・ローズ（2001）『フェミニズムと地理学―地理学的知の限界』地人書房
B・グレアム、C・ナッシュ編（2005）『モダニティの歴史地理』古今書院

第6章 自然と暮らしが生む文化的景観を読み解く

Analizing the Caltual landscape made by nature and society

奥内の棚田

2020年8月現在、全国には65か所の重要文化的景観があります。全国に47都道府県ですから、平均すると一つの自治体に1〜2か所あるということになりますが、実際は図6-1のように重要文化的景観のない自治体がある一方で、3か所以上ある自治体もあります。全国的にみると東日本よりも西日本のほうが多いようです。

愛媛県には重要文化的景観が3か所ありますが、それはすべて愛媛県のなかでも南部、一般に南予《なんよ》と呼ばれる地域に位置しています。それぞれに個性ある地域となっていますが、ここでは「奥内の棚田及び農山村景観」という名称で選定されている愛媛県北宇和郡松野町奥内地区の景観の特徴をみていきましょう。奥内地区の調査には私も参加して、地区の皆

6-❶ 重要文化的景観数（2020年8月時点）

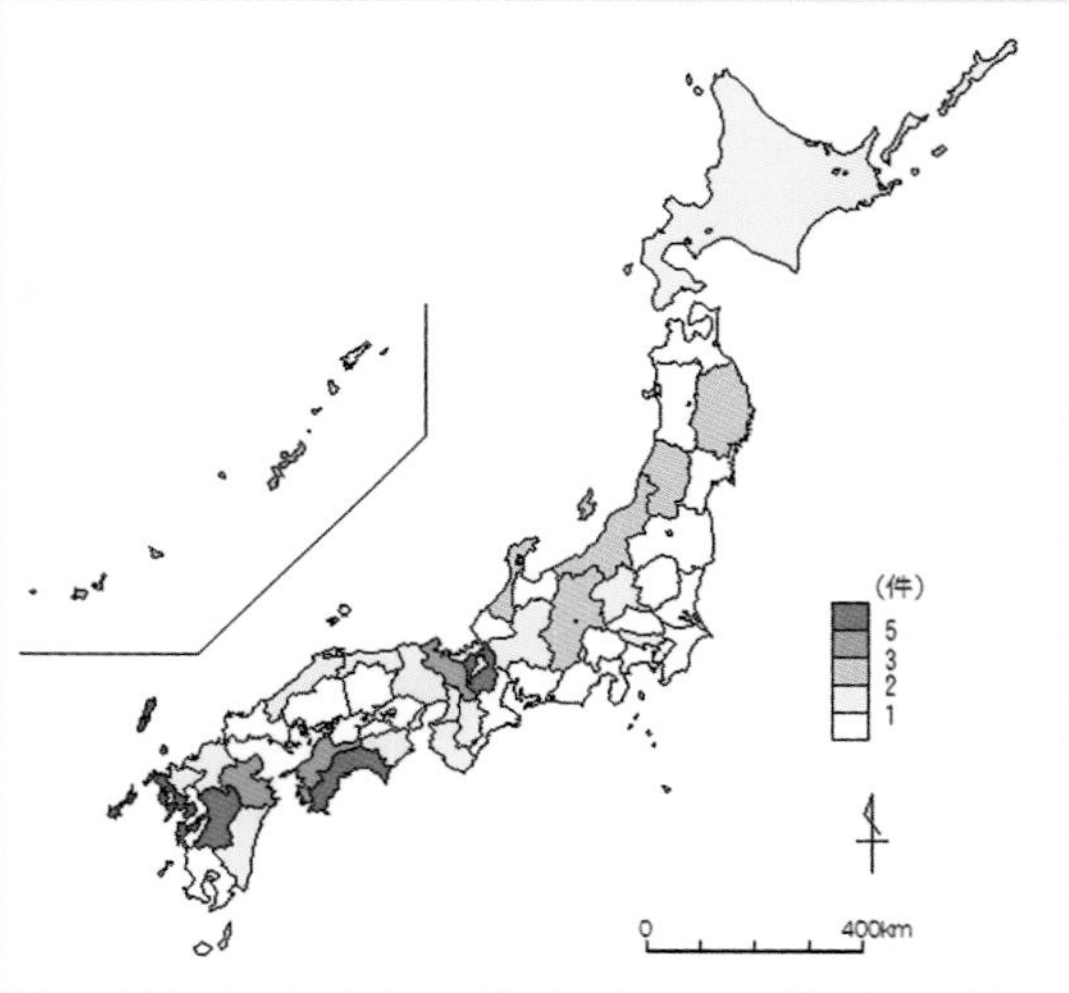

さんからいろいろなことを教わりました。そうしたフィールドワークや報告書をもとに「奥内らしさ」を紹介できれば、と思います。

奥内地区は、松野町を流れる広見川に注ぎ込む奥野川の一支流、奥内川上流部に位置する農山村集落です。奥内川の最上流部にはいくつかの谷が発達しており、各谷筋に榎谷《えのきだに》・本谷《ほんたに》・遊鶴羽《ゆづりは》という集落が、そしてこれらの谷が集まる部分に下組《しもぐみ》という集落が位置しています。奥内地区は、これら四つの集落から成り立っています（図6-2）。

また、奥内地区には石積みの棚田が広がっています。等高線に沿って曲線的に積まれているところもありますが、直線的に石積みが展開している部分が多いのが特徴で、棚田百選にも選ばれている美しい景色です。こうした美しさに目を奪われがちですが、奥内地区は単なる「見た目」の美しさだけではなく、地域の個性が詰まった素晴らしい景観となっています。

図6-3は榎谷の写真です。ここには山や棚田、家屋、道路などが写っています。まずは

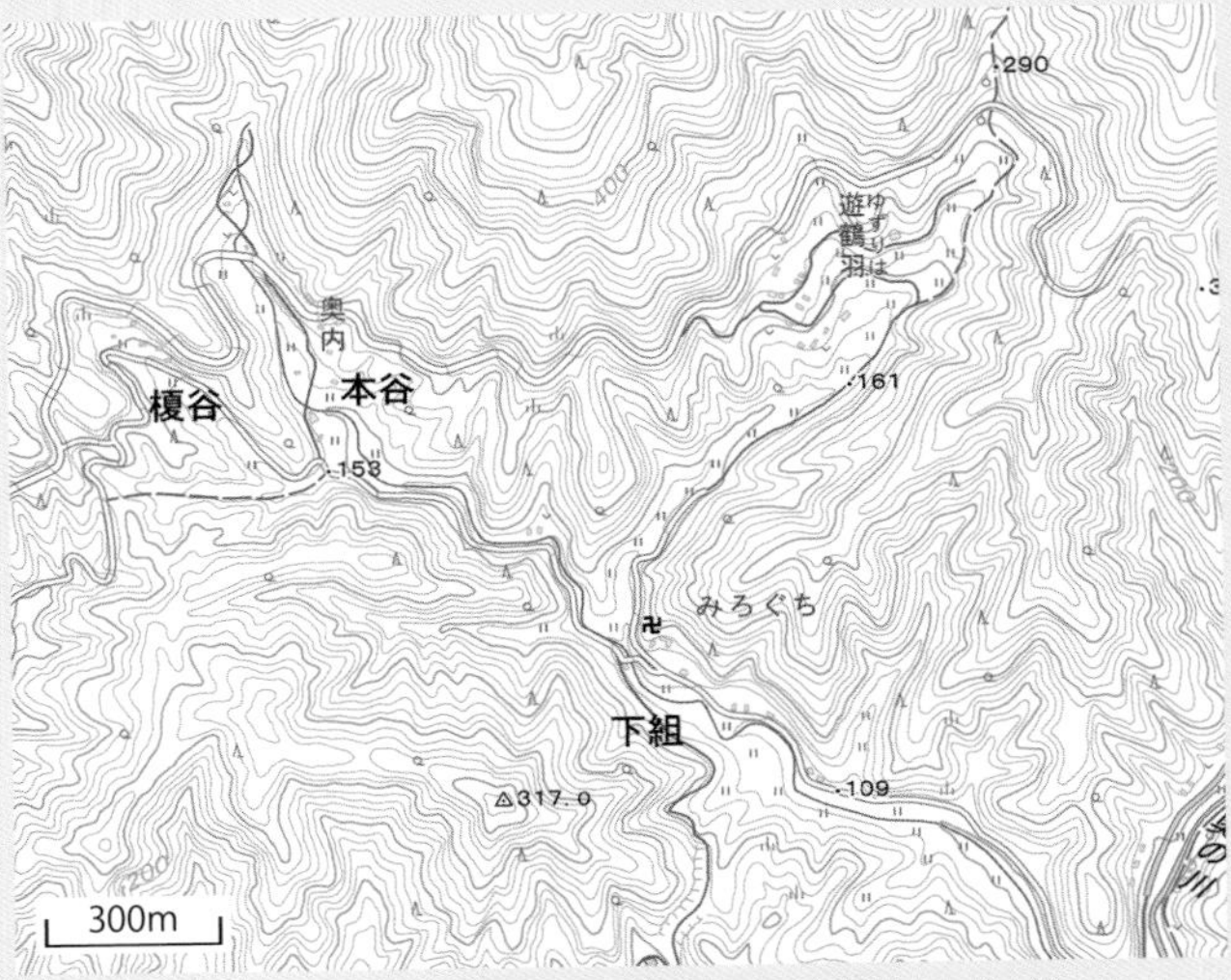

6-❷ 松野町奥内地区（地理院地図（標準地図）を利用して作成）

こうした景観の構成要素どうしの関係を理解することから始めましょう。

榎谷の集落は数軒からなっています。図6-3に見えるように、家屋は谷の最奥部付近に斜面に集まって立地しています。川の源流は集落よりもう少し上流です。谷と集落の関係をもう少し見ておくと、上流から集落までは急傾斜の狭い谷となっています。そうした谷が少し開けて緩傾斜となる付近に、等高線に沿う方向に家屋が並んで立っていることになります。そして、集落より下流部の谷底は棚田となっています。

明治時代の地籍図を確認してみると、現在と同じように緩斜面部分に田畑が、また山地部分との境界付近に宅地が分布している状況を見て取ることができます。少なくとも江戸時代には、こうした景観ができ上がっていたと思われます。

一方、図6-4は遊鶴羽の風景です。こちらも急傾斜の山地が少し緩やかになった付近か

6-❸ 榎谷（筆者撮影）

6-❹ 遊鶴羽（筆者撮影）

ら棚田となっています。家屋は榎谷のように等高線に沿ってまとまって立地しているのではなく、等高線を横切る、つまり標高に高低が生じる方向に並んでいます。また、ドローンで撮影した図6‐5を見ると、遊鶴羽の家屋は尾根部分に立地していることも分かります。

　このように、奥内地区の棚田と家屋の関係は、大きく二つのパターンがあります。一つは山地と棚田との境界に家屋が位置する場合です。河川が刻んだ谷が直線的で両側の山が迫り、緩傾斜部分の少ない榎谷が典型で、それに準じる下組もこのような位置関係となっています。もう一つは尾根に家屋、谷に棚田がある場合です。これは緩斜面が広く、山から谷水がいくつか流れ出している遊鶴羽や本谷で確認できます。つまり、棚田にすることの可能な緩傾斜地の状況が家屋の立地に影響していることになります。そして、このことは奥内地区の主たる生業が、林業などの山

6-❺ 上空から見た遊鶴羽（松野町教育委員会提供）

を利用するものではなく、水を溜めるためにフラットな土地が必要な「水田」を基調とした農業であることを物語ります。家屋は、そうした水田の傍を指向して形成されているのです。ですので、地理的にみればいわゆる山村にあたりますが、棚田を基盤とした集落であることを強調するには、単に山村というよりも農山村といったほうが適切です。

棚田と家屋の位置関係の成立には、いくつかの要因があったと思われます。一つは山津波（土砂崩れ）を避けるといった防災上の理由です。実際、奥内地区には山津波に襲われた伝承が残されており、榎谷では山津波の際に山から転がり出てきた大きな岩が、そのまま棚田の石積みとして利用されています（図6-6）。山が崩れた場合、その土砂は谷筋に沿って走りますので、家屋は谷底を避けて建てられている、というわけです。

水の恵みと限界

同じことは土砂だけでなく「水」でも言えます。大雨が降っ

6-❻ 榎谷の棚田の石（筆者撮影）

た際に起こる山からの鉄砲水を避けることも必要です。必然的に屋敷地は水の流れる谷筋から一定の距離を取って形成されたのです。

ただし奥内地区の場合、同じ水でも避けるのではなく、使うための方策も考慮されたと考えられます。当然ながら、水田耕作には水が不可欠ですが、河川最上流部にあたる奥内地区では豊富な谷水は期待できません。水を最大限に有効に利用しようと思ったとき、水田は尾根地形ではなく谷地形を指向して作られることになります。水の利用しやすい場所を水田に当てていった結果、家屋が谷から離れて作られた場合もあるわけです。

これは一方で、生活水を取得するために谷水を利用する際、その距離が遠くなることを意味します。榎谷のように斜面が急傾斜から緩傾斜に変わる地点に家屋のある場合は、小さな谷水や湧き水を利用することもできました。ただ、尾根部に家屋の並ぶ遊鶴羽だと、そうした谷水の利用はあまり期待できません。奥内地区の屋敷地を調べると、すべての屋敷地に井戸がある（あった）わけではありませんでした。聞き取りをおこなうと、井戸のない家は、毎日、谷まで水をくみに行っていたということです。このような苦労をしてまでも、水田への水供給を優先したということになります。

さて、水田の景観を評価していくためには、水の確保や配分といった観点からとらえることが重要となります。水の確保先として、平野であれば河川や地下水の利用、山地であれば谷水や地下水の利用となりますが、いずれの地形においても、水の不足を補うために人工のため池が造られることがあります。

奥内地区はというと、地区内にため池は基本的に造られていません。自然に流れ出ている谷水や湧水のみを利用している水田耕作だということになります。いわば天然の「かけ流し」による水田です。こうした水田耕作が可能な理由としては、まずもって降水量が比較的多い四国南西部に位置している点が挙げられます。そしてそれに加えて、地下の保水力が高いことも指摘されています。空から降った雨水を集める範囲は山の稜線で決まりますが、河川最上流部に位置している奥内地区の場合、それほど広い集水域はありません。それにもかかわらず自然の水だけで水田が維持されるためには、地下からの湧水が必要となります。湧水も元をたどれば雨水なわけですが、専門的な分析によると、地上と違って地下にしみ込んだ水を集める範囲（いわば地下における分水嶺）は地上よりも広い可能性が高いのだそうです。こうした水環境が奥内地区の棚田を支えていることになります。

とはいえ、「かけ流し」の水が潤沢にあるかと言えば、決してそうではありません。私が奥内地区で調査をしていたときも、棚田の一部で「今年は水不足で田が作れない」という場所がありました。限られた水資源を直接、最大限に利用するのが奥内の棚田です。ですので、水資源の量が少なくなると耕作の状況にストレートに影響することになります。

このように、水は奥内地区の命運を握るものでした。そのなかで、水への信仰が発達していきます。たとえば、奥内地区の中央、遊鶴羽からの谷筋と本谷・榎谷からの谷筋が合流する付近の小高い山の頂上には「山の神」が鎮座しています。山仕事全般の安全を祈ると同時に、干ばつが起きた際には地区全体で雨ごい行事をおこなった場所として伝わっています。

この他、上流部に位置する遊鶴羽、本谷、榎谷の各谷筋では水神を祀るための小さな祠が置かれています。遊鶴羽は「白岩様」（図6-7）、本谷は「赤滝様」（図6-8）、榎谷は「竜王様」（図6-9）と呼ばれています。このうち、白岩様については、高知県四万十市（旧西土佐村）にある白岩神社との関わりが指摘されていますが、それ以外の詳しいことは伝わってい

6-❼ 遊鶴羽の「白岩様」
（松野町教育委員会提供）

6-❽ 本谷の「赤滝様」
（松野町教育委員会提供）

6-❾ 榎谷の「竜王様」
（松野町教育委員会提供）

ません。赤滝様と竜王様も、名称の由来や鎮座時期などは不明です。しかし、それぞれ「○○様」という丁寧な呼ばれ方をしており、厚い信仰に支えられてきたことをうかがうことができます。

そうした信仰が今なお継続していることを示す変化として、祠の移転が挙げられます。白岩様の場合は、遊鶴羽の集落から400メートルほど谷筋を登った地点にあったのですが、人口減少と高齢化により白岩様に行くことが難しくなったため、2008年に遊鶴羽集落内に遷座しました。また竜王様も榎谷の集落から急な谷筋を登った場所にあったものを、同様の理由で2012年に集落内に遷座しています。

祠はそれぞれに意味を持って場所が選択されていたのだと思います。その意味で、遷座することで本来の意味が失われる惧れもあるわけですが、しかし、山中深くに鎮座し、地域の人々が行けないとなると、存在そのものが忘れられてしまうという別の惧れが生じます。それは信仰が失われるということにもつながります。奥内地区の人々は、いろいろな方向から検討した結果、水神様への信仰そのものを継続することを優先し、遷座を決断したのです。

信仰の地理的環境

奥内地区には水に関わる信仰以外にも、多くの信仰が残されています。「こうち様」「りいち様」「つぐろ様」「彦大夫様」といったように、その由来がすでに失われてしまって

6-⑩「逆杖のイチョウ」（愛媛県指定天然記念物）
（松野町教育委員会提供）

いるものも多くありますが、たとえば遊鶴羽の「切入権現《きりいりごんげん》」のように、集落の開拓者を祀っているとされる祠もあります。

この他、四国の他地域の神仏に深く関わるものもあります。先に示した白岩様も高知の神社との関わりが指摘されていますが、「金比羅様」や「石鎚様」のように、香川県にある金比羅宮や愛媛県（東予）にある西日本最高峰の石鎚山への信仰との関わりが想像される祠もあります。

弘法大師（空海：774－835）、に関わる信仰施設や伝説が多くみえるのも、四国ならではのことでしょう。奥内地区の下組には「逆杖《さかづえ》のイチョウ」（愛媛県指定天然記念物）と呼ばれる立派なイチョウの木があります（図6‐10）。お大師様がこの地を訪れた際に持っていた杖を逆さにして立てたところ、成長してこの木になったという伝承を持っています。

また、遊鶴羽には「お遍路岩（別名：薬師岩）」という大きな岩があります。遊鶴羽を訪ねた修行僧（弘法大師とも）が農家に宿を頼んだところ、農家は土間に筵《むしろ》を敷いて寝るのであれば、ということで修行僧を泊めました。すると翌朝、土間に岩が現れていた、というのです。現在、お遍路岩は土間ではなく、床の間に位置しています。これは、家の建て替えの際に、お遍路岩を祀ることができるように家の位置を変更したことによります。お遍路岩には、産後の母親に岩に備えたコメを粥にして食べさせると乳の出がよくなるという「乳米伝説」もあり、周辺地域の人々からも多くの崇敬を集めました。

6-⓫「お大師様の腰掛け岩」
（松野町教育委員会提供）

　下組から本谷・榎谷方面に向かって進む道の途中には「お大師様の腰掛け岩」と呼ばれる岩があります（図6-11）。この岩に乗るとじんましんが出ると言われており、弘法大師への強い畏怖をうかがうことができます。

　さらにこの腰掛岩よりも下組寄りの場所には、かつて「お大師様」もしくは「お茶堂」と呼ばれた辻堂もありました。辻堂は四国各地に残る一間四方で三方吹き抜けの構造を持つ建物で、壁のある一面に地蔵などが祀られているのが一般的です。お茶堂は地域住民の憩いの場ですが、外部からやってくる来訪者に開放された空間ともなっています。奥内地区の「お大師様」でも、春と秋の縁日の際には「お接待」がおこなわれていたということです。徒歩

6-⑫ 薬師堂（筆者撮影）

での山越えルートが主たる地域間交通だった時代、奥内に行商に来るような人々や、奥内を通過するような人々にとって、お茶堂は休息所として機能したのです。お茶堂跡は、そうした往来の歴史を物語る大事な要素となっています。

集落の中心

信仰の場があちこちにある奥内地区ですが、地区全体からの信仰を集める中心的な施設は、なんといっても下組に位置する薬師堂です（図6-12）。地区の人々は「お薬師さん」と呼んでいます。境内に生える「逆杖のイチョウ」と並んで、薬師堂は奥内地区のシンボルとなっています。

現在の薬師堂は、棟札から万延2年（1861）の建立と判明していますが、南予地方の様子を記す江戸時代前期の『宇和旧記』という史料に

6-⑬ 春祭りの様子（2017年4月9日）（島本多敬撮影）

も「楳《うめ》の薬師堂」として登場しており、古くから堂舎があったことがうかがえます。

お堂は八畳間で、正面奥に仏壇が半間張り出している構造です。ただし、図6-12からも分かるように、建物を正面から見て左側には付属屋があります。なかは六畳間の部屋となっています。この付属屋部分は後から増築されたものではなく、1861年の段階で一緒に作られたものです。つまり、当初から八畳間プラス六畳間の空間が必要とされたということになります。

これは奥内地区の人々が寄り合うための空間でした。もちろん、薬師堂の各種法要のため、ということもありますが、それ以外の村全体の集まりでも薬師堂が利用されていました。現在は近くに集会所が建てられ、そちらが利用されていますが、それ以前は薬師堂が集会所の機能を担っていたのです。

薬師堂では春祭りがあります。私は2017年4月9日に開催された祭礼に参加させてもらいましたが、薬師堂内での読経と焼香の後、境内に集まった人々への「餅まき」がありました（図6－13）。餅は赤、白、緑の3色餅で短冊形をしており、薬師堂の縁からまかれます。この地域では、何かといえば餅まきという文化なのですが、春祭りの餅まきは特に楽しみにしている、ということでした。周囲の地域で春祭りがあるのは限られた地区だったこともあり、昔は周辺地域から多くの参加者があったようです。2017年の春祭りでも地域外からの参加があった他、別の場所に住む元住民も春祭りを目当てに帰ってきていました。

餅まきのあとは、地区の人々が寄り合って会食となります。今日では集会所がその舞台ですが、往時は引き続き薬師堂が使われていた、ということです。

なお、先ほど「お大師さんの腰掛け岩」があることを紹介しましたが、実は奥内地区には「お薬師さんの腰掛け岩」もあります。これは薬師堂近くの川の中にある巨岩を指しています。お薬師さんがこの岩の上で修業をしたという伝承が残っています。

! まとまりのバラエティ

先にも示したように、奥内地区は四つの集落から成り立っていますが、それを一つにまとめているのが薬師堂の存在です。春祭りをはじめとした祭礼が地域的なまとまりを確固たるものとしてきました。調査に行った折、地域の方に、奥内は他地域と地理的に離れているため、さながら「共和国」のようなところだ、ということをお聞きしました。そうした団結心、まとまりが形成されたのは、もちろん地理的な要因もありますが、薬師堂という共通の精神的支柱があったからという側面も大きいと思います。集会所ができたことで集いの場所は変化しましたが、「奥内」がまとまりのある地域となっている歴史的背景として薬師堂は不可欠な存在です。

ただ、奥内地区をみていくと、「一」つの奥内、「四」つの集落、といった以外にも、時と場合に応じて、多様なまとまりを作りながら生活が営まれてきたことが分かってきました。

たとえば、下組で一つ、遊鶴羽で一つ、本谷と榎谷で一つというように、大きく「三」つの単位に分かれることがありました。下組と遊鶴羽に比べて本谷と榎谷は世帯が少ないため、このように分かれることで、三つともおおよそ10世帯規模となります。三つの単位のまとまりが特に現れるのは、たとえば茅葺き屋根の家であった頃に屋根の葺き替えを共同でおこなった「屋根替え講」のときです。1軒の家でみれば数年から十数年の単位で葺き替えますが、葺き替え作業は大変でとても1世帯の労働力では足りません。また、葺き替えに必要なカヤも1軒では集めることができません。そのため、10軒程度が集まり、相互扶助で材料の調達や葺き替え作業をするわけです。また、10軒が集まれば、ほぼ毎年どこかの家を葺き替えることになります。

同じく、相応の労働力を必要とするのが葬式です。以前は、葬式は家で出していましたが、その家は一家をあげて喪に服すため、葬式の準備や運営は周囲の家の者たちでおこなっていました。そのまとまりも先ほどと同じ「三」つの区分で、こちらは「葬式組」と呼ばれていました。

こうした相互扶助関係をみれば、年始の寄り合い（「初寄り」）がこの「三」つの単位でなされるのも、とても納得できます。茅葺き屋根の減少と、地域外の会館での葬式実施が一般になるにつれ、この「三」つの単位の集まりは少なくなってきましたが、それでも「初寄り」はいまでも継続されており、奥内地区内の一つの単位として機能しています。

また、現在、松野町では広域の清掃活動が実施されていますが、その際、奥内地区は「二」つの班に分かれて、別々の場所の清掃をおこないます。この場合、大きく榎谷・本谷と、遊鶴羽とに分かれ、下組の人たちはその二つにそれぞれ分かれる形となります。こうなることで、おおよそ15世帯となります。清掃活動は近年の取り組みですが、この班の分け方は、8月末に実施されていた「虫送り」の行事での組分けと一致しています。虫送りとは、松明を燃やして稲につく虫を火に寄せ集め、その火（松明）を村の境界まで持っていくことで、虫を領域から追い払うという儀礼です。奥内地区の場合、川上から川下に虫を送っていくことになります。「二」つの分け方はこうした谷筋に沿った区分にもなっています。

農業の生産技術の変化とともに実質的な機能がなくなったまとまりもあります。それは

「六」つの「田植え組」です。田植え作業は一時期に集中する作業です。また奥内地区のように「かけ流し」の水利灌漑をしている場合、田に水を入れる日時を充分に調整しておかないと、田植え時に水が不足する事態となります。そのため、奥内地区では、おおよそ5世帯程度で田植え組を作り、順番に田に水を入れて組内の者が助け合って田植えをおこなっていく方法が採られました。本谷と榎谷ではそれぞれ一つずつ、遊鶴羽は「ウエ」と「シタ」、下組は「カミ」と「シモ」の二つにそれぞれ分かれて田植え組が作られていました。

こうしてみると、四つの集落からなる一つの共和国のようなまとまりを持つ奥内地区は、作業や行事に応じて、二つや三つ、そして六つといった形に臨機応変に単位を変えて、相互に助け合ってきた、ということが分かります。こうした「まとまり」の柔軟性は、見た目の景観にはなかなか現れてきませんが、「奥内らしさ」という点では、極めて重要な要素です。こういった点が理解できたとき、多様な「まとまり」を一つに束ねる役割をしてきた薬師堂の意味というのが改めて浮かび上がりますし、薬師堂の建物が最初から寄合の場として機能できるように作られていた意義がはっきりと分かります。

! 絶品の「くじゅうな飯」

奥内地区では、人々が集まる場では「鉢盛《はちもり》」と呼ばれる大皿（鉢皿）料理が出されます。同じ大皿料理でも、隣の高知県では「皿鉢《さわち》料理」と呼ばれています。形式としては同じですが、奥内地区ではあくまでも「鉢盛」です。奥内地区では正月のいわゆるおせち料理も鉢盛ですし、各家で婚礼がなされていた頃の料理も鉢盛で提供されていました。こうした各家庭での集まりの他、春祭りをはじめとした地区の行事のあとの懇親の場でもやはり鉢盛が出されます。集会所に鉢盛が備えられており、各家から持ち寄ったり集会所の炊事場で作られたりした料理がその鉢皿に盛られていきます。

さて、婚礼などの特別な行事を除き、通常の行事では鉢盛に混ぜご飯が載ることがあります。そうした混ぜご飯のなかに、奥内地区で採れる植物を使った混ぜご飯があります。地元では「くじゅうな飯」や「くじゅうなご飯」と呼ばれています（図6 - 14）。これが実に絶品です。

6-⑭ くじゅうな飯（筆者撮影（一部加工））

「くじゅうな飯」のクジュウナというのがその植物名ですが、一般にクサギと呼ばれている落葉の小高木のことです（図6 - 15）。葉を摘むと独特のにおいを発することからクサギという名前が付けられています。クジュウナという呼び方は奥内地区だけでなく、南予地方では広く使われています。その由来ははっきりとしませんが、クジュウナという響きにクサギと同じような

6-⑮ クジュウナ（クサギ）
（松野町教育委員会提供）

ニュアンスが含まれている可能性はあるでしょう。

名前をみていると、食べるのは不向きな植物のように思えますが、きちんと処理をすれば独特のにおいはなくなります。そのため、愛媛県内では郷土料理の材料として使われてきました。ただし、そうした郷土食での利用法を尋ねると、基本的には油でいためたり、おひたしにしたりといった食し方となっています。奥内地区のように、クジュウナを混ぜご飯の材料として使っているのは、これまでのところ聞いたことがありません。

クジュウナは奥内地区の山すそや道路脇、棚田の石垣脇などに生えています。群生しているわけではありませんが、奥内地区にはよくある植物です。4月頃に若葉を摘み、さっとゆでた後に乾燥させ、保存しておいたものを利用します。こうした身の回りの食材を使い、地域独特の絶品郷土料理が作られているのです。

農山村の奥内地区では、クジュウナ以外にもいろいろな山菜・野草を採っています。春にはタケノコやゼンマイ、ワラビ、フキ、ウツボグサ、タラ、ウド、ツバナ（チガヤの新芽）、カジイチゴ（コウゾの実）などの山野草類が採れますし、秋にはクリやマツタケ、ヤマイモ、ウシノシタ（イヌビワ）、サセブ（シャシャブとも。グミの一種）などが採れます。また初夏にはモチシバ（サルトリイバラ）の葉を摘んで「しばもち」を作ります。しばもちは、端午の節句や田休み（農作業を一斉に休みにする日）に作られていました。端午の節句というとで分かるかもしれませんが、いわゆる「かしわもち」として知られているものです。西日本ではサルトリイバラの葉を使った「かしわもち」が多く、奥内地区の「しばもち」もそのなかに含まれます。

生物相の語る豊かさ

こうした利用される植物を含め、奥内地区には多様な動植物がみられます。文化的景観の調査では、環境省第4次レッドリスト記載種26種、『愛媛県レッドデータブック』（2003年）記載種39種を含む234科752種が確認されました。

動物では、国の天然記念物に指定されているヤマネ（図6-16）や、『愛媛県レッドデータブック』で絶滅危惧種Ⅱ類に指定されているアカザ（図6-17）などが確認されていま

6-⑯ ヤマネ（松野町教育委員会提供）

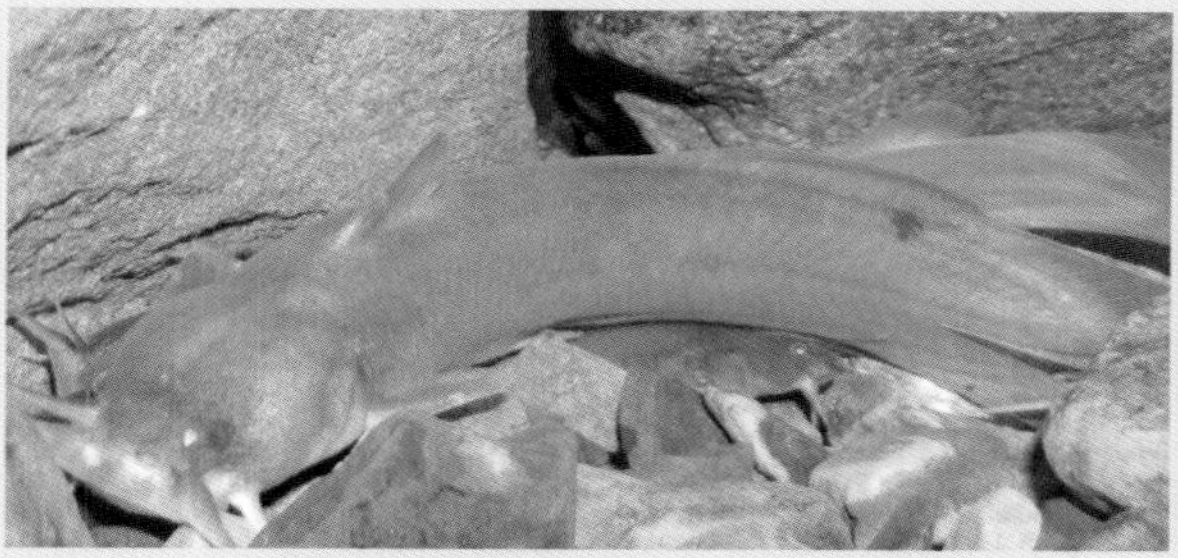

6-⑰ アカザ（松野町教育委員会提供）

す。ヤマネは良好な森林環境、アカザは良好な河川環境が保たれており、豊かな生態系が維持されている証となっています。

植物の場合、耕作の続いている棚田には外来種の侵入がほとんどなく、希少種5種を含む在来の植物が生育する環境が良好に保たれていることが分かりました。一方で放棄地には外来植物の出現が多く見られることも明らかになっていますので、棚田の耕作環境の維持が奥内地区の自然環境の維持にも重要な役割を果たしていることが分かります。

棚田の耕作について聞き取りをすると、強い農薬が利用されていた時期もあったようです。

その頃は川の生物が激減してしまい、環境への負荷が目に見えて確認されました。こうした農薬はその後利用されなくなったため、農山村としての豊かな自然環境が戻ってきたということです。

奥内地区の自然環境は、人間の関与が一定程度あることで成立するものです。その意味では完全なる「自然」環境ではありません。奥内地区に人が住むようになった時期は不明ですが、少なくとも江戸時代には、現在の集落や棚田が形成されていたことが知られています。その頃からとしても300~400年の間、人間も奥内の自然環境を作る一つの重要なアクターとして、水田耕作や山野利用をおこなってきました。農薬利用などの自然への過度な負担といった歴史があったことは事実ですが、現在の豊かな動植物が生息する自然環境の維持に、奥内の人々の生活・生業スタイルが大きく寄与しています。そして、そうした豊かな自然環境を利用することで、棚田米や「くじゅうな飯」などの美味が生まれているのです。

バランスの取れた景観

奥内地区での人間活動が地域の自然とバランスの取れたものであることは、戸数や棚田の変化からも言えそうです。というのも、史料からうかがえる奥内地区の1戸当たりの水田面積は、江戸時代から大きな変化はありません。そして、戸数にも劇的な変化はありませんから、棚田自体の開拓が江戸時代でほぼ終わっていたということを示しています。

先に触れたように、奥内地区ではため池を造らず、谷水を「かけ流し」の状態で利用して棚田耕作がおこなわれてきました。それは、水の量が水田面積を規定する、ということに他なりません。そして、面積が規定されると、必然的にこの地域で生きていくことのできる人口規模も決まってくるわけです。これは、水田耕作に必要な労働力の量という点と、収穫された米で養える人数といった点が関わってきます。奥内地区では30戸弱の世帯が住んでいますが、それが自然とのバランスを考えたときの最適もしくはほぼ最大の戸数だった、ということになります。水への「祈り」の場が多いのも、そうしたバランスが崩れないように願う地域の人々の切実な思いが景観に刻まれた結果とみることができるでしょう。

棚田と家屋の配置やバランスも自然の条件をよくとらえたものでした。また、時と場合によって住民どうしのまとまりの仕方を変えていたのも、こうした自然とのバランスのなかで生まれた戸数条件に沿いながら生き抜いていく住民の知恵が現れたものととらえることができます。

文化的景観は、自然や歴史、そして人々の暮らし方(生活・生業)といった点から地域をとらえていく視点です。奥内地区は、地域の自然条件に即す形で江戸時代から人々が田畑耕作や山林利用をおこなってきた場所で、そうした痕跡が景観の中にいくつも現れています。石積みの棚田が広がる美しい「見た目」の背後にある自然と、歴史の背景のなかで営まれてきた暮らしによって築かれた景観の特性を知ることで、奥内地区の持っている価値——奥内らしさ――に触れることができます。

これまで触れてきませんでしたが、最後に奥内地区の持っている最大の価値を書いておきます。それは、何といっても住んでいる人々の温かさです。まるで「共和国」のように、助け合って暮らしてきた地域の人々にとって、ここで示した奥内らしさは、あまりにも当たり前で、ピンとこないかもしれません。しかし、その地域の自然と歴史によって培われた風土を活かした個性というのは、その地域にしかない特別なものです。そうした個性が豊かに残っているのも、地域の人々が無意識のうちにその価値に敬意と誇りを持ち、生きているからに他なりません。助け合って生きてきた奥内地区の人々にとって、温かさもまた当たり前のことかもしれません。しかし、そうした当たり前にこそ、地域らしさが現れていることを、ぜひ書き留めたく思います。

上杉和央（２０１７）「食と地域」（上田純一編『京料理の文化史』思文閣出版）、２９３－３１５頁
愛媛県（１９８３）『愛媛県史　地誌Ⅰ（総論）』愛媛県
松野町教育委員会編（２０１６）『松野町文化的景観調査報告書――「奥内の棚田」の文化的景観』松野町教育委員会

コラム 6 四季のイメージ

簡単な頭の体操を。できれば複数名いたほうがいいので、周りにいる人を誘うところから始めましょう。そして集まったら、みんなで春・夏・秋・冬、この四つの季節の景色でぱっと連想できる単語を三つずつ書き出してみてください（あまり考え込まずに、思いついたものをさっと書くのがポイントです）。それができれば、結果をお互いに確認してみてください。すると、同じ単語を連想している場合もあれば、違っている場合もあると思います。そうした点を確認できたら、なぜその単語を思いついたのか、少し話し合ってみましょう。

この頭の体操は、私の授業でもよくおこなうものです。なかにはとてもユニークな単語を連想する学生もいます。尋ねてみると、その季節に起きた印象的な出来事を思い出して、それを象徴する単語を連想した、といった答えが返ってきます。季節イメージが自身の経験と結びついて形成されていることがよく分かります。こうした経験に即した単語は、決して他の人とは一緒になりません。暗

6C-❶ 京都市高野川のサクラ（2008 年 4 月）（筆者撮影）

6C-❷ 沖縄県渡嘉敷島のサクラ（2010 年 2 月）（筆者撮影）

黙的に共有されるイメージではなく、個人的なものだからです。でも、話を聞くと「なるほど」と、大いに共感できるものとなります。

一方、共有されたイメージも出てきます。授業での結果をとりまとめているわけではないので、あくまでも傾向でしかありませんが、春と秋からは、学生たちの多くがそれぞれ「桜」と「紅葉」という単語を連想します。特に「春＝桜」というイメージは大きく、ほぼすべての学生が桜や、それに関わる花見や花吹雪といった単語を挙げます。確かに、桜の時期になると花見をしたり、「桜前線」がニュースで連日取り上げられたりと、桜イメージであふれかえりますので、こうした結果になるのもうなずけます。

ただ、この「春＝桜」イメージは、私たちのなかで本当に一致しているのでしょうか。京都には多くの桜の名所がありますが、そのほとんどはソメイヨシノです（図6C・1）。私の勤務する大学に通う学生たちの桜イメージも、厳密に言えばソメイヨシノです。ソメイヨシノは桜前線の指標でも利用されており、一般的な桜として認知されていますが、たとえば同じ桜前線でも、沖縄はカンヒザクラが指標に利用されます（図6C・2）。カンヒザクラはソメイヨシノに比べてピンク色が濃く、ソメイヨシノよりもずいぶん早い1月から2月あたりに咲き、また開花期間もソメイヨシノより長いのが特徴です。伊豆半島にある河津町で発見されたカワヅザクラも同じような特徴を持っています。「桜」といっても、地域によっては違う桜をイメージする場合があります。

ソメイヨシノは江戸時代末に人工的に作られた園芸種です。種子ができないので接ぎ木苗で増やしています。いわばクローンです。そのため、すべてが同じ特徴を持つため、同じ地域で同じ環境に育っていれば、一斉に咲いて一斉に散るようになります。

桜前線の指標に利用されるのはこうした性質も関係しています。

一方で、「パッと咲いてパッと散る」といったソメイヨシノの特徴が「時が来たなら潔く散れ」といった軍国主義の思想と重なることにもなりました。そこに本居宣長の詠じた「敷島の大和心を人問はば朝日ににほふ山桜花」という歌も合わさって、帝国主義日本の国民精神の発揚につながったことはよく知られていると思います。

ただし、ソメイヨシノは江戸時代末に誕生したわけですから、それ以前の人々にとっての桜とは、ソメイヨシノではなく、個性豊かで咲く時期がそろわないヤマザクラなどのイメージでした。そのため、パッと咲いてパッと散るといったイメージはありませんでした。江戸時代中期を生きた宣長が好んだのも「山桜花」（ヤマザクラ）です。宣長は本当に山桜が好きで、自画像に描き込んだり（そこに添えられたのが先ほどの歌です）、自分の墓にヤマザクラを植えるよう遺書に書き留めたりしています。

こうした宣長の個人的な思いを示した「大和心」が、後年になって国家主義的な大和魂として歪曲されてしまったわけですが、そこにはヤマザクラからソメイヨシノへの変化もあったのです。日本各地にソメイヨシノが植えられていくのも帝国主義下の時代です。今では花見の名所となっている場所も多いですし、やはり美しいものは美しいのですが、そうした時代背景を背負った植物であることも忘れてはいけません。

桜といえば、『源氏物語』の光源氏と若き日の紫の上との出会いの場面を思い出します。そこは光源氏が治療に出かけた京都北郊の山地にある大規模な寺院。「三月の晦日なれば，京の花ざかりはみな過ぎにけり。山の櫻はまだ盛りにて」と、桜（ヤマザクラ）の咲いている風景を背景として、光源氏が垣根越しに何気なく見た紫の上の姿に衝撃を受けるというストーリー。物語ですからどの季節にでも設定できるのですが、作者の紫式部はこうした時期と場所を選んで、二人を出会わせているわけです。そこには紫式部の季節イメージを感じざるを得ません。

現在でも入学式のある春は確かに出会いの季節ですし、入学式を彩る花といえばやはり桜です。その色から恋の季節というイメージにも結び付いています。紫式部のイメージには今の私たちでも大いに共感できます。

もっとも、桜はむしろ卒業式の時期だという地域もあれば、授業が始まってしばらく経ってから咲く地域もあるでしょうから、共感の程度はさまざまだと思います。自分のイメージと他の人のイメージは必ずしも一致していないということに自覚的であることが重要です。「いま・ここ」の常識は「あの時・あそこ」の非常識なのです。

佐藤俊樹（2005）『桜が創った「日本」-ソメイヨシノ 起源への旅-』岩波書店。
大貫恵美子（2003）『ねじ曲げられた桜-美意識と軍国主義-』岩波書店。
白幡洋三郎（2000）『花見と桜-〈日本的なるもの再考〉-』PHP研究所。

第7章 景観の変遷を読み解く

Understanding the changes of Landscape

延びる天橋立

第4章で天橋立を扱いましたが、ここでも改めて取り上げたく思います。というのも、天橋立周辺も国の重要文化的景観に選定されているからです。ただし、まったく同じ場所では面白くないので、ここでは天橋立そのものと、天橋立の先端側の集落、文珠地区に注目することにしましょう。そして第4章では主に古代を扱いましたので、本章はより新しい時代、近世から近代を中心としておきたいと思います。現在の景観を読み解いていくなかで歴史を探り、そして地域らしさに触れることを目的とするのは、本章でも同じです。

まずは、天橋立です。1500年頃の作品である雪舟『天橋立図』に描かれた天橋立の先端部分をよく見ると堂舎が確認できます。これは橋立明神（天橋立神社）です（図7‐1）。現在も同じ場所に鎮座しています。地形図内にある神社の地図記号がそれです（図7‐2）。

約500年を隔てたこの二つの図を見比べると、天橋立の長さが随分と違うことに気が付

7-❶ 雪舟「天橋立図」の橋立先端付近（所蔵：京都国立博物館）

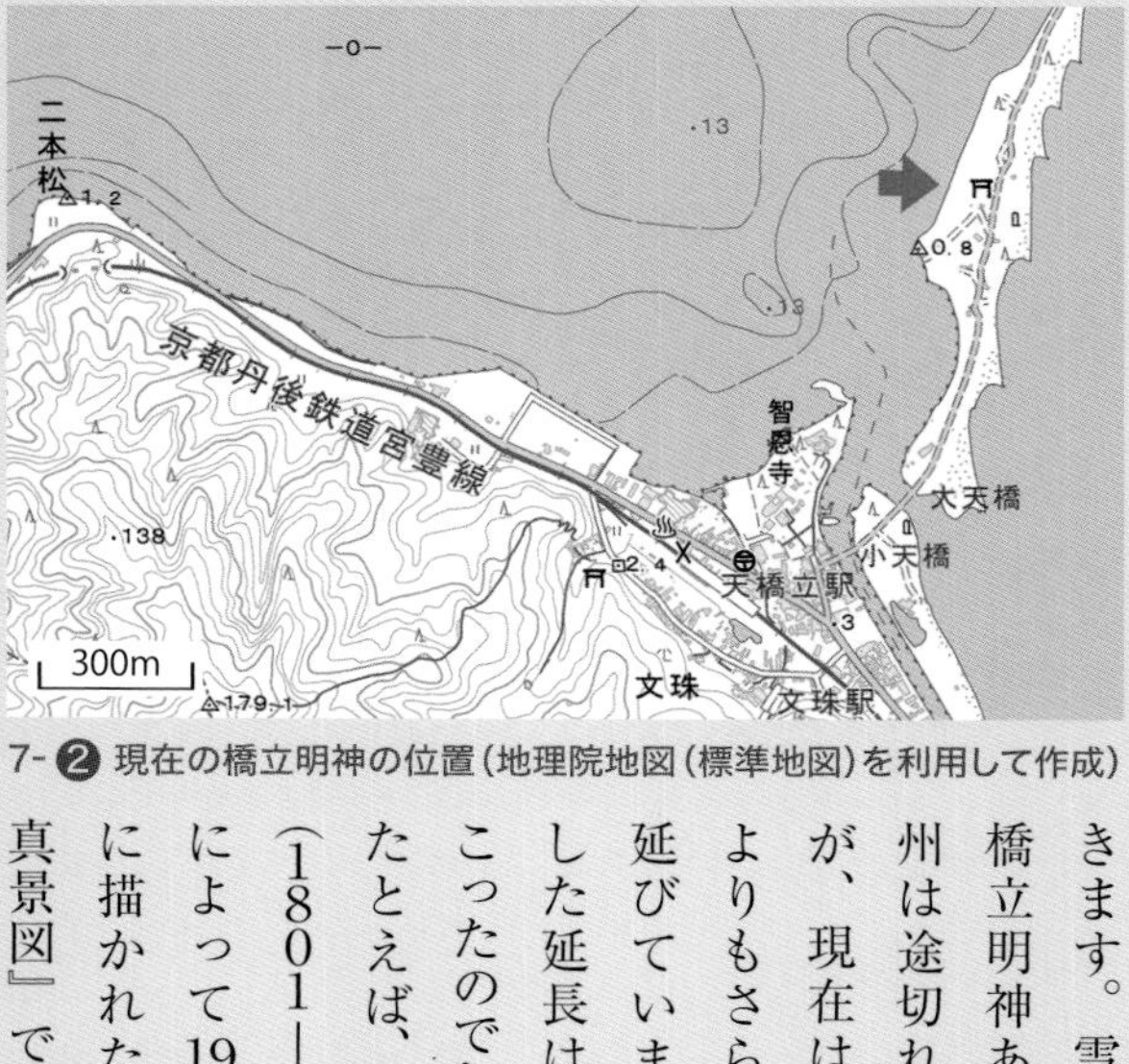

7-❷ 現在の橋立明神の位置（地理院地図（標準地図）を利用して作成）

きます。雪舟の頃は橋立明神あたりで砂州は途切れていますが、現在は橋立明神よりもさらに南側に延びています。こうした延長はいつ頃起こったのでしょうか。たとえば、島田《しまだ》雅喬《まさたか》（1801－1881）によって19世紀中頃に描かれた『天橋立真景図』では、『雪舟の図とはかなり様相の違う天橋立が描かれています（図7-3）。『天橋立真景図』は阿蘇海側に視点があるので、少し分かりにくいかもしれませんが、橋立明神周辺で天橋立は終わらず、細長く砂州が成長し、対岸の知恩寺付近にまで到達しています。そして延びた部分にはすでに松が生育し、白砂青松の世界を形づくっています。よく見ると、沿岸に沿ってさらに

7-❸ 島田雅喬「天橋立真景図」にみえる橋立明神（19世紀中ごろ）（所蔵：智恩寺）

先の方にも砂が堆積し始めているようです。

こうした砂州の伸長を絵図の中に注記した資料もあります。『天橋立真景図』よりも100年ほど前、1724年に宮津の城下町に住む丸田屋九兵衛が成相寺に寄進した『与謝之大絵図』です（図7-4）。この図では橋立明神の先に砂浜が延びている様子がうかがえます。そこには文字注記があり、永井氏の統治時代（1669―80）は116間（約209メートル）くらい出ていたが、今（1724年）では300間（約540メートル）にまでなっている、と記されているのです。これによれば、17世紀後半にはすでに砂州が延び始めており、さらにそこから約50年の間に300メートル以上延びた、ということになります。

このような急速な伸長の背景には、供給される土砂量の増加が関係しています。土砂の主な供給源は周囲の山地です。先の『天橋立真景図』を見ると、山の斜面は緑に塗られ、所どころに樹木が描かれています。

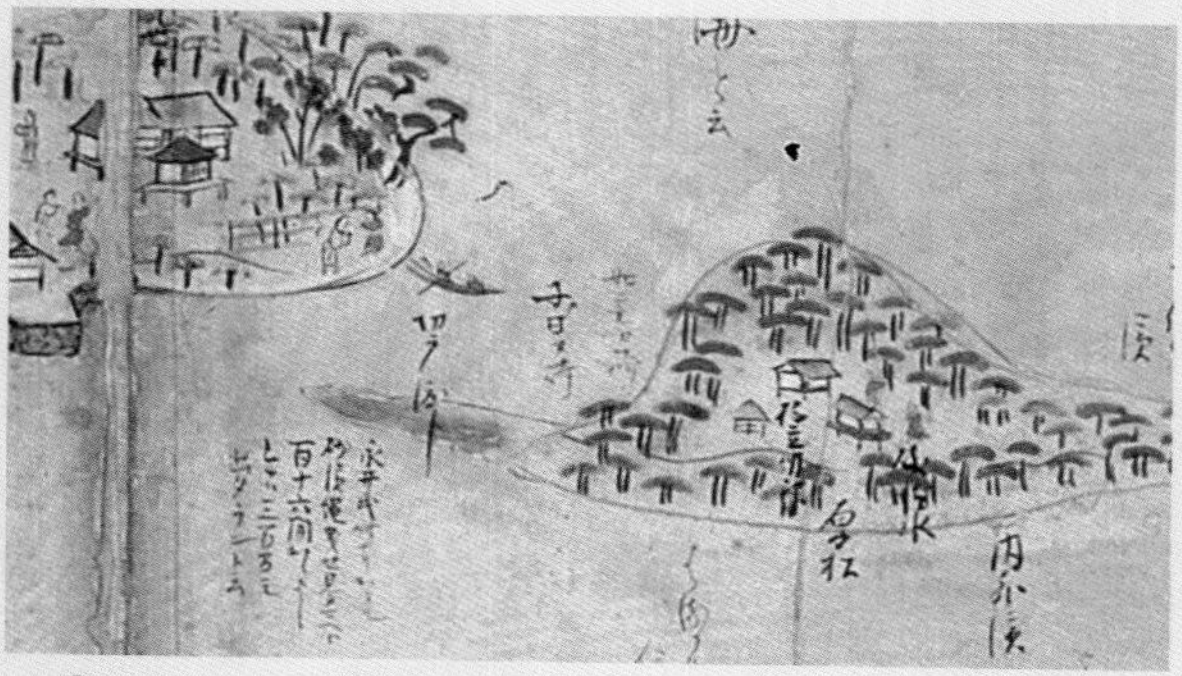

7-❹「与謝之大絵図」の橋立表現
（所蔵：成相寺（画像提供：京都府立山城郷土資料館））

私たちが山を描くとき、樹木を描くのを省略して山全体を緑色で表現することがあります。一見すると、『天橋立真景図』もそれと同じような表現のようですが、実は違います。先ほど、橋立の伸長部を確認しましたが、そこには松が表現されていました。また、橋立の対岸に位置する智恩寺の周りにある社叢林もきちんと表現されています。樹木の分布しているところとそうではないところを絵師は描き分けているのです。斜面の所どころにしか樹木が描かれていないというのは、そうした景観だったからに他ならないのです。そういう目で見ると、『天橋立真景図』からは、橋立周辺の山地があまり木の生えていない草山であったことが分かります。

森林の育っていない斜面地は、雨などによる表土流出が多く、付近の河川は海に多くの土砂を供給します。花粉分析の結果からは、天橋立のある京都府北部の海岸付近は、およそ１０００年前からマツが優占する植生となったことが明らかにされています。こうした状況は少なくとも中世初頭からみられていたと想定されますが、江戸時代に入って山地利用がより進んだ結果、土砂供給量が増加し、結果として天橋立の伸長が顕著になったのだと思われます。

こうした草山は、何も天橋立周辺だけにあったのではありません。江戸時代、集落背後にある付近の山は、日本各地で草山やはげ山になっていたことが指摘されています。そのため、各地の海岸に砂が溜まり、それを農地や塩田にするための干拓事業がなされる一方、河床が上がることで洪水が起きやすくなる事態や、港湾の水深が浅くなって港湾機能の低下が深刻化する状況が生まれています。天橋立の伸長も、こうした「山―海」関係がもたらした影響の一つだといえます。

文珠の景観

次に天橋立先端の対岸にある文珠地区に目を向けましょう。すでに触れたように、文珠地区には、その地区名の起源にもなっている「智恵の文殊」こと、天橋山《てんきょうざん》智恩寺があります。寺伝によると9世紀初頭の建立ですが、古代の状況はよく分かっていません。境内にある多宝塔は1501年の建立で国の重要文化財に指定されています。雪舟『天橋立図』にもこの塔らしきものが描かれており、その点をもってこの作品は1501年以降の作だという説も唱えられています。そうだとすれば、雪舟も見た塔が今もある、ということになります。また、修理が重ねられている文殊堂も、13世紀後半には内陣の原型があったことが明らかになっています。雪舟が訪れた際、この文殊堂の原型となる施設は、確実に存在したことでしょう。

智恩寺を訪れると、府中側と同じく、土産物屋などの並ぶ門前町があります（図7-5）。

7-❺ 智恩寺門前の様子（筆者撮影）

智恩寺や天橋立を目当てにする観光客が数多く訪れ、賑わいを見せています。こうした門前町の形成は江戸時代になってからのことです。『宮津市史』に掲載された史料によれば、1670年頃には智恩寺境内で商売をしているとあり、仮設の露店形式の商売があったことが分かります。それが1680年には屋敷地を智恩寺から借りて、商売にあたって、①若い女を置かない、②魚鳥の商いはしない、③旅人を泊めない、といった誓約をしており、露店ではなく常設店舗での商売が始まっています。

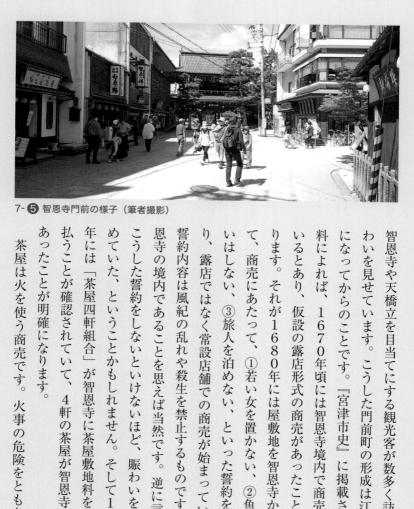

誓約内容は風紀の乱れや殺生を禁止するものですが、智恩寺の境内であることを思えば当然です。逆に言えば、こうした誓約をしないといけないほど、賑わいを見せ始めていた、ということかもしれません。そして1690年には「茶屋四軒組合」が智恩寺に茶屋敷地料を毎年支払うことが確認されていて、4軒の茶屋が智恩寺門前にあったことが明確になります。

茶屋は火を使う商売です。火事の危険をともなうため、門前での営業は厳しく制限されていました。しかし、江戸時代も元禄期頃になると、旅行文化が定着し、各地から天橋立・智恩寺を訪れる人が増加し、賑わいをみせるようになってきました。貝原益軒が「日本三景というのもうなずける」と書いたのが1689年、ちょうど四軒茶屋が智恩寺に敷地料を支払うようになった前年となりますので、日本三景・天橋立というイメージが流布し、人々が集まるようになった時代だ、というのがよく分かりますね。1690年以前から門前に茶屋があったのは確かですから、益軒も門前で一服したかもしれません。

7-❻ 名物 智恵の餅（筆者撮影）

　丹後の歴史を紐解くには『丹哥府志《たんかふし》』という1763年から1841年の長期にわたって編まれた地誌がとても役に立ちますが、そのなかにも山門前の茶屋が登場します。その頃は「文殊茶屋」「文殊の茶店」と呼ばれていたようで、名物が3品あると書かれています。3品とは「シアン（思案）酒」「才覚てんかく（田楽）」「智恵の餅」（図7-6）です。こうした名物は他の史料にも出ており、1820年に西国巡礼の途中で智恩寺を訪れた者の旅日記には、船で着くと店から人が出てきて、こうした名物を「やかましく申し」ながら、自分の店に招いていた、とあります。賑わう情景が目に浮かぶようです。

　智恩寺の門前が他の門前町と違うのは、その出発時点を史料で追うことができ、4軒の組合があったことが分かること、そしてその4軒の系譜を引く店が今も門前にあることです。現在はいくつもの店が門前に並んでいますが、四軒茶屋の系譜を引く店を見つけるのは簡単です。江戸時代からの名物「智恵の餅」を売っているのが四軒茶屋だけだからです。参道のなかでも智恩寺に近いところに並んでいるので、そこからもすぐに見つけられます。ぜひとも立ち寄って食文化を堪能したいところです。4軒それぞれに味に個性があるので、食べ比べをして自分のお気に入りを探すのもよいかと思います。なお、実体験から助言しておくと、一つひとつの智恵の餅は小さいですが、4軒すべてでいただくとなると、それなりのボリュームです。お腹を空かせてチャレンジしたほうがよいかもしれません。

7-❼ 文珠付近（地理院地図（標準地図）を利用して作成）

山沿いの集落

智恩寺門前町は、智恩寺と天橋立を訪れる旅人を受け入れる町場としての歴史を刻んできました。しかし、文珠地区にはそうした顔とは別の側面もありました。そのことを知るには門前から一度離れ、山側に行く必要があります。

図7・7は文珠地区付近を示した地理院地図です。海岸

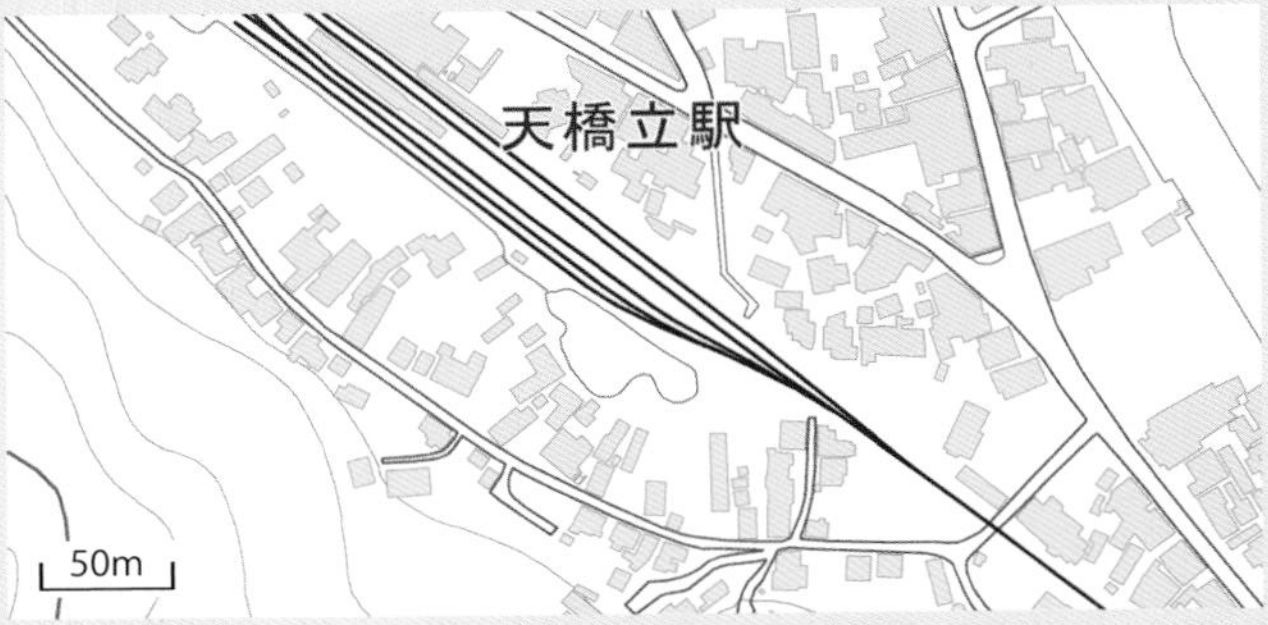

7-❽ 天橋立駅付近（地理院地図（標準地図）を利用して作成）

に沿って京都府道と線路（京都丹後鉄道）が敷設されており、中央部には天橋立駅が設置されていることが分かります。駅の設置は1925年です。海（阿蘇海）に突き出した部分に智恩寺があり、府道から智恩寺に分岐している道が、先ほど紹介した門前町となっていますが、門前町だけでなく、府道沿いに家の立ち並んでいる状況が分かります。

一方、線路より南側にも山沿いに道があり、家の並んでいる様子をうかがうことができます。ただ、家屋の向きまで分かるように地図をもう少し拡大して確認して見ると（図7-8）、道路に沿っている家屋もありますが、道路の方向には一致していない家屋もあることに気が付きます。線路わきの池の周辺は特にその傾向が顕著です。

こうした地図上の「違和感」は地域の歴史地理を考えるヒントになることがあります。今、文珠地区には鉄道、府道、山沿いの道の三つの陸路があることを確認しました。皆さんは、このなかでどれが一番古いか分かりますか。鉄道が新しいのはすぐに分かると思いますが、府道と山沿いの道はどちらが古いでしょうか。ここは山が海岸にまで迫っている場所です。長年の砂の堆積や埋め立てによって平地が拡大していくというプロセスを考えると、より内陸側にある山沿いの道のほうが古くから利用されていた道と考えるのが自然ですよね。現在の府道は鉄道敷設とほぼ同じ頃に整備された道で、それまでは山沿いの道が府道として設定されていました。

1893年に測図された正式2万分の1地形図には、鉄道敷設前の状況がよく示されています（図7-9）。山沿いの集落と智恩寺門前の茶屋街との間にあった田地の多い場所を利用して線路や新しい府道を敷設したことがよく分かります。そうした土木工事のなかで文珠の集落にあった池も小さくなったのです。

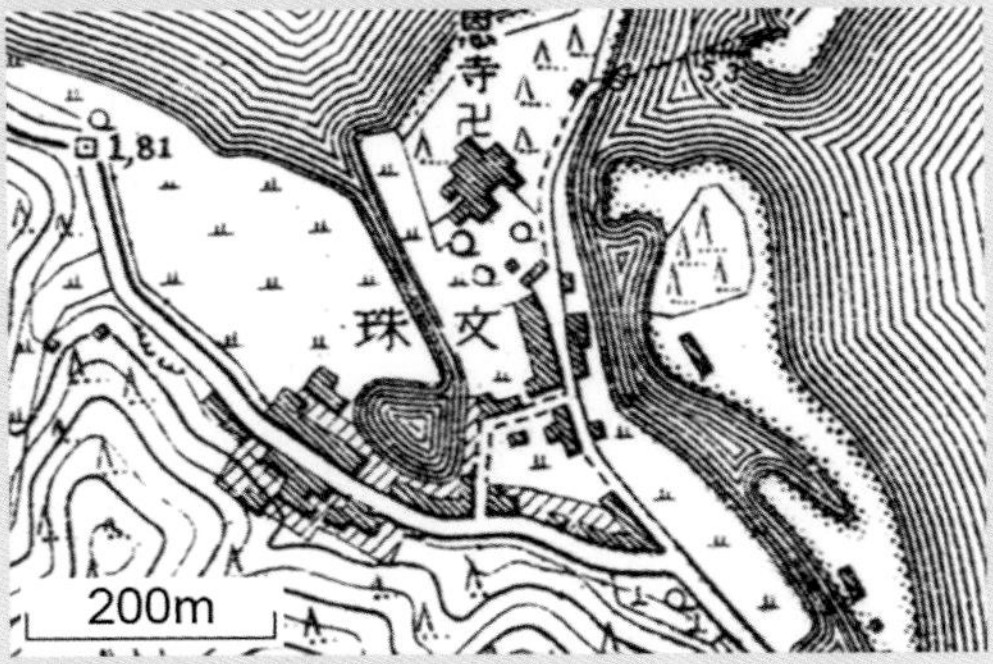

7-⑨ 正式2万分1地形図にみえる文珠
（国土地理院 正式2万分1地形図「栗田村」（1893年測図））

地元でこの池は「どん渕」と呼ばれており、今は駅裏にひっそりとある池でしかありませんが、かつてどん渕は文珠地区のなかで重要な役割を持っていました。それは「港」としての役割です。図7-9には、文珠の集落の北西側に水田が広がっている様子が描かれていますが、十分に広いわけではありません。文珠集落の人たちは、阿蘇海の対岸にも田地を求め、船を使って耕作しに行っていたのです。また、他の集落との往来にも船は欠かせないものでした。陸路で行くよりも海路のほうがはるかに近いからです。どん渕は集落の人々が他地域とつ

7-⑩ 島田雅喬「天橋立真景図」にみえる文珠（19世紀中ごろ）（所蔵：智恩寺）

ながる出入り口だったわけです。そのため、どん渕を囲むような形で家が建てられていくことになりました。

図7-10は先にも示した『天橋立真景図』ですが、文珠地区全体が入るようにトリミングし直しました。智恩寺と山門前（図では奥）に並ぶ茶屋のある一帯が陸地から突き出た地形になっていることがよく分かります。そして、右側には山麓に形成された狭い平地部に集落があることも分かり、その間に円形の池も確認できます。これがどん渕となる場所です。明治期の地形図には確認できた水田が、江戸時代後半の真景図ではまったく見えません。実際は少しばかりあった可能性もありますが、あちらこちらに水田の広がるような景観でなかったことは確かです。こういう景観であれば、なおさら田地は他の場所に求めねばならず、そうした場所に赴くための舟が必須でした。

図7-10を見ると、どん渕と海との間は、門前の茶屋街と山沿いの集落とを結ぶ道として利用されていたよ

うですが、そこに橋が架けられています。木製か石製かは判読が難しいですが、平たい橋ではなく円弧状の橋となっていたようです。通行するだけであれば平たい橋のほうが便利ですが、橋の下を舟で通行しなくてはならないので円弧状になっていたと考えられます。

こうした円弧状の橋の絵画としてすぐに思いつくのは、「西湖図」です。中国杭州の西湖は、その景色の美しさから中国で古くから詩画の題材となってきました。そうした作品は日本にもたらされ、日本の絵画や詩歌、作庭に大きな影響を与えています。図7－11は日本で描かれた「西湖図」の例ですが、湖面にある細い石垣の道に円弧状の石橋がかけられている様子が描写されています。

7-⑪　鴎斎「西湖図」（部分）16世紀（所蔵：京都国立博物館蔵）

『天橋立図』を描いた雪舟は、西湖を実際に訪れた経験を持っており、実際の景色も、また西湖図も十分に理解した上で『天橋立図』を描いています。江戸時代の画家たちは、実際に訪れることはできませんでしたが、画題としての「西湖図」はよく知られていましたので、水上を細く延びる道に円弧状の橋というのは、お馴染みのテーマだったと言えます。水上の道としては天橋立のほうがよりふさわしいで

7-⑫ どん渕（筆者撮影）

すが、さすがに天橋立に円弧状の橋を添えることはできません。図7‐10を描いた島田雅喬が、このどん渕を隔する短い湖岸線に橋を省略することなく書き加えたのは、もちろん真景図だからということもありますが、こうした由緒ある画題にふさわしいものだったから、とも言えそうです。

さて、図7‐9をもう一度見ると、こうした円弧状の橋は姿を消していたようです。この頃、どん渕に通じる部分は水路のようになり、この水路を横断する道はありませんでした。こうした橋のない状態の解消に貢献したのが、先に指摘した線路や道路の敷設でした。特に線路はどん渕を横断するようなルートとなったのです。海岸近くを走ることもあり、線路は1メートルほど高い位置に作られ、どん渕部分も盛り土がされました。ただ、すべてがふさがれてしまうと、どん渕は排水ができません。そのため、どん渕と阿蘇海を結んでいた水路部分については架橋されることになりました。上が鉄道の線路ですから円弧状の橋というわけにはいきませんが、どん渕に架かる橋が、再び生まれたのです（図7‐12）。

どん渕は天橋立駅からも見ることができますし、宮津方面からの到着直前（もしくは駅から出発直後）に橋を通過します。図7-12に写る列車はまさに宮津方面から天橋立ホームにたどり着いたところです（停車位置はもう少し左側です）。ただ、観光客が多く乗降するこの駅で、どん渕に目を止め、そしてそこに集落の歴史を重ね合わせる人は、まずいないと思います。集落のなかでもどん渕がこの地区にとって重要な役割を果たしていたことを知る人が少なくなっているので当然と言えば当然です。しかし、文珠地区の歴史を感じるためには不可欠の要素です。普段、智恩寺や門前町、そして天橋立といった要素に注目が集まりがちな文珠地区ですが、それとは違う生活・生業の歴史を景観から読み解く好材料が、このどん渕です。どん渕に注目してみると、どん渕に沿う形で家の方向が決まっていることや、池周辺の空閑地を利用して駅が敷設されていることなどに気が付くと思います。

天橋立の公園化とレジャー

江戸時代（中後期）の文珠地区は、農業で生計を立てる山沿いの集落と、智恩寺門前で旅人をもてなす観光業で生計を立てる門前町との二つの集落となっていました。こうした性格は基本的に近代にも受け継がれていきますが、道路や鉄道、船舶による輸送力の増加、輸送時間の短縮のなかで天橋立はそれまで以上に多くの人々を集めるようになりました。こうした変化のなかで、天橋立の価値の見直しとその活用が図られていくようになります。

7-⑬ 絵はがき「文珠廻旋橋」（所蔵：京都府立大学）

20世紀に入ると、天橋立一帯が「天の橋立公園」として整備する方針が固まります。当時、天橋立は国有林（1886年より農商務省管轄）となっており、地域が主導して整備活用することができない状況でした。この問題を解決するために与謝郡は、国有林地を公園地に組み替えるよう京都府や国に働きかけ、結果として与謝郡の公園として「天橋立公園」が誕生しました。1906年のことです。

公園としての整備でもっとも大きな事業は文珠側と天橋立との間に2本の橋（大天橋と小天橋）を架橋する工事でした。大天橋は1922年、小天橋は1923年にそれぞれ竣工し、その結果、天橋立は陸路で結ばれることになりました。なかでも小天橋は船の通行が可能なように橋が回転する仕組みとなっていました（かけ替えられていますが、現在の小天橋も廻旋橋です）。こうした近代に架橋された小天橋も珍しさから名所化しており、天橋立に関する絵はがき集のなかにも、その姿を主題にしたものを確認することができます（図7‐13）。

その後、1925年には天橋立駅が開設され、天橋立への観光客の増加は加速していくことになります。また、1922年には史跡名勝天然紀念物保存法に基づいて、天橋立が名勝に指定されています。日本三景として名を馳せた白砂青松の風景の保存が始まっていくわけですが、その直前にはこうした公園化も図られており、近世以前の名所と近代以降の名所が合わさる形で新しい天橋立のイメージが作られていきました。

この頃、天橋立の来訪目的に新たに付け足された要素がありました。夏場の海水浴、そして冬場のスキーです。海水浴もスキーも、近代になって新たに日本に導入されたレジャーです。もっとも、当初の海水浴は、医療的効果を期待した海水につかる行為（潮湯）であったり、軍国主義的な風潮のなかでの水練であったりと、現代の海水浴とは異なる要素を含んでいました。また、スキーは日清戦争の頃に日本にもたらされ、やはり最初は軍事教練ないし行軍練習といった側面がありました。ただ、その後、夏や冬の余暇を楽しむレジャーとして社会に受け入れられ、全国で急速に展開していくことになったのです。

！ 初三郎のみた宮津

こうしたなか、1924年2月に現地を訪れ、鳥瞰図『宮津橋立名所図絵』（図7‐14）を作製したのが吉田初三郎です。初三郎の鳥瞰図は、念入りに取材、スケッチされた個別の景観要素を大胆な構図に収めるのが特徴です。計画段階のものなど、景観上には存在しない要素が描かれていることもあるので注意が必要なのですが、そうした点を差し引いても往時の姿を想像するのにとても有用な資料となっています。『宮津橋立名所図絵』の場合は、この時点ではまだ開通していなかった宮津と天橋立（文殊駅）間の線路（朱線）が描かれている点が、そうした計画の可視化された部分です（この間が延伸されたのは1925年です）。

　そうした点はともかく、ここで大事なのは、『宮津橋立名所図絵』の中に海水浴場とスキー場がしっかりと描き込まれていることでしょう。海水浴場は天橋立付近に見える旗で囲まれた場所――この描き方が初三郎式鳥瞰図における海水浴場の「地図記号」となっています――、スキー場は成相山や世屋山、それからそれらの左側の山で一部白く表現されている部分のことです。「スキー地」という文字注記まであるので明白です。

　海水浴場やスキー場は、『宮津橋立名所図絵』の裏面に記された「宮津橋立名所案内」にも言及されています(これを記したのは初三郎とは違う人物です)。たとえば、「文殊」項の一説には次のようにあります。

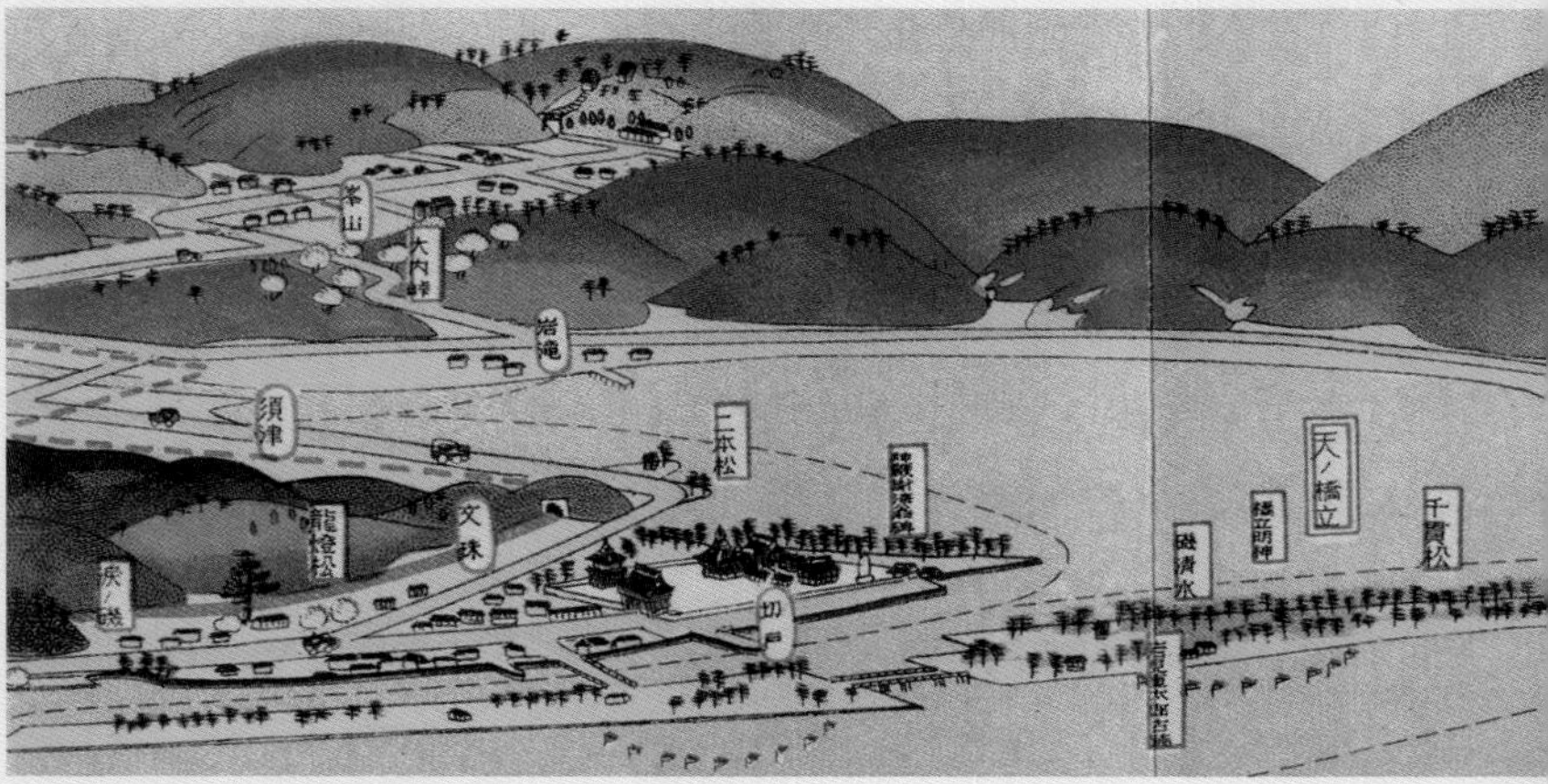

7-⑭ 吉田初三郎『宮津橋立名所図絵』（部分）（所蔵：京都府立大学）

旅館食堂軒を並べ、土産物売る店も多い。塩浴の設けもある。夏は海水浴の客で賑ふ。橋立の美景を前にして、浴後の清風に接する爽快は、また格別である。

旅館食堂が軒を並べる場所の筆頭は文珠の門前です。四軒茶屋は１９００年代に海岸付近に旅館を整備しており、門前の通りだけでなく、海岸沿いが新たな賑わい空間へとなっていました。そして、同じ頃、公設の海水浴場もできました。また廻旋橋ができる１９２３年頃になると、小天橋の側にも旅館やホテルが建つようになっていました。また「塩浴」（潮湯のこと）は、１９１７年頃にできています。

スキーについては「成相スキー場」という一項目があって、詳細に記述されています。せっかくなので載せておきましょう。

成相山には、雪が深い。寺を中心に、幾つもの立派な雪原が出来る。殊に、寺の背後の『千台ヶ原』は、積雪四月まで消えず、スキー場として理想に近いものである。雄大なる景致を前にして、壮絶の妙技を行ふ快、また格別である。近く、関西スキー界にその名を囂かして来たのも、無理はない

ここでは、スキー場のすばらしさが力説されていますが、そこにはある種のPR的な要素が感じられます。というのも、このスキー場が練習場として開設されたのは初三郎が宮津を訪れた前年の1923年だったからです。1924年4月12日付けの『日出新聞』の記事には、「宿泊所の成相寺の玄関前から直にスキーを履いて出る事が出来る」好立地なので、今冬は鉄道の開設にともなって「相当に賑ひを呈する」だろう、と書かれています。

海水浴やスキー場の絵はがきも作られています。図7‐15は成相山スキー場の絵はがきですが、記念スタンプが押してあり「14・11・23」の数字があります。14年11月23日だと思われますが、14年の指す年が大正14年なのか、それとも昭和14年なのか、これだけでは判断できません。ただ、絵はがきの表面（宛名面）を見てみると、その様式が1918年から1933年の規定に沿って作られたものとなっていますので、大正14年（1925）を指し

ていると特定することができます。絵はがきに使用された写真の原板は、１９２５年11月23日以前に撮影されており、かつ11月だとまだ雪が十分に積もっていないと思われるので、ここに見える風景は１９２４年、もしくは１９２３年の状況だということになります。いずれにしても、初三郎の鳥観図と同じく、スキー場が開設されて間もない頃の風景が示された貴重な資料と言えます。

7-⑮ 絵はがき「丹後与謝郡 成相山スキー場」（所蔵：京都府立丹後郷土資料館）

　このように、初三郎が訪れたちょうどその頃は、こうした施設が次々と開設されるような時期にあたっていました。すでに見たように、すぐ後の１９２７年には傘松公園のケーブルカーも設置されます。そうした開発を促した背景に、鉄道の敷設や橋の設置といった交通インフラの整備があったことは間違いないでしょう。ただ、こうした開発を呼び寄せたもう一つの要因として「天橋立」があったことも忘れてはいけません。「宮津橋立名所案内」に書かれた海水浴やスキー場の案内記事には、「橋立の美景を前にして」や「雄大なる景致を前にして」といったように、いずれも天橋立を望む景勝地にあることが前面に売り出されています。思えば、鉄道の敷設・延伸も天橋立へのアクセス改善が要望の一つとなっていましたし、天橋立の持つ価値をより積極的に利用しようとする動きが公園化の根底にありました。そうした方向の延長線上に、こうしたレジャー施設の設置もあったのです。

天橋立とともに

このようにみてくると、文珠地区は天橋立を抜きに語ることは不可能だということがよく分かります。それは第4章でとらえた府中地区も同じでした。どの時代であっても、天橋立はただそこにあるだけではなく、地域の生活に少なからず影響を与える存在でした。日常生活という点では、府中地区に長らく住まわれている住民の方に、昔は天橋立の松葉をかき集め、家に持ち帰っていたという話をお聞きしました。かまどや風呂の焚き付け材に使うためです。観光客にとってみれば美しい存在でしかありませんが、地域の人々にとってみれば生活の場でもあったのです。

一方で、そうした地域の人々の営みが白砂青松の景色を維持する役目も果たしていました。そもそも、養分の少ない砂浜というのは植物にとって必ずしも成長しやすい環境ではありません。しかも海辺であれば海水をかぶったり、塩分を含む風に当たったりしますので、塩害も起きます。そうした過酷な環境下にも耐えられる植物というのは限られますが、その代表がマツでした。他の樹木が進出しないような場所だからこそ、白砂青松という景色が現出するのです。しかし、マツが枯れたり、葉を落としたりしていくと、砂浜に枝葉がたまり土壌化していくことになります。そうなると、他の樹木のなかに成長できるものが現れ、当初はマツのみで構成されていた林がやがてマツ以外も含んだ多様な樹木による林へと遷移していくことになります。一般的に言えば、こうしたマツ林から雑木林へという変化は、ごく普通にみられるものです。

そうしたなかで、天橋立は実に長期にわたって白砂青松の世界が継続してきました。それは土壌化せず、砂浜の状態が続いてきたことを意味します。もちろん、水害などの断続的に生じる環境インパクトによって土壌が洗い流されることもありますが、それに加えて人間が日常的にマツ林へと入り、下草や松葉をとることによって土壌化することが抑えられていたことが大きな要因となっていたと考えられています。

それが証拠に、というわけではありませんが、真景図の『天橋立真景図』（図７‐３）を改めて見てみると、橋立明神のある付近だけは以前からマツ以外の樹木の生育があったことがうかがえます。橋立明神付近はまさに橋立明神があるがゆえに下草・枝葉の採取があまりなされなかったからでしょう。

実は現在、天橋立は白砂青松の存続危機を迎えています。天橋立を端から端まで歩く（も

7-⑯ 天橋立の現在（筆者撮影）

しくは自転車で通る）と分かりますが、確かにマツが多いものの、他の樹木も意外に生えていることに気が付きます（図7-16）。そう思って足元を見ると、林のなかは白砂ではなく、土壌化が進んでいるのです。エネルギー革命が起き、人間生活が焚き木を利用する生活から電気・ガスを利用する生活へと大きく転換したことで、地域の人々が天橋立で下草・枝葉採取をしなくても済むようになりました。その反面、天橋立の土壌化が進行したのです。現在、こうした土壌化の影響をどのように抑え、マツ林を維持できるかといった調査もおこなわれています。

エネルギー革命は白砂青松の「白砂」のほうにも影響を与えています。本章の冒頭に述べたように、天橋立は周囲の山から供給された土砂が海流の影響によって運ばれてできた砂州です。江戸時代に急速に伸長したのは、周囲の山がはげ山となり保水力が衰えた結果、降った雨が表層をつたってすぐに河川に入り、多くの土砂を海に運搬したからです。

では今はどうでしょうか。天橋立周辺に限らず、日本の山の多くは木々に覆われた緑あふれる姿をしています。薪炭材の採取が激減したり、屋根材へのカヤの利用が激減したことで草地が不要となったりしたことが背景にあります。その結果、山の保水力は江戸時代に比べると上がり、川が土砂を削り取って海まで運ぶ力も抑えられることになります。

この結果、天橋立は白砂の材料が極端に減ってしまいました。そして海流は材料を運んでくることなく、天橋立の砂を削り取っていくばかりになってしまったのです。天橋立はどんどんとやせ細り、いずれは途切れてしまうのではないかという懸念も表明されました。

こうした危機的状況を打開するために、現在、天橋立では人工的に砂を供給する取り組みをしています。ただ、砂浜に砂を持ってくるのではありません。天橋立の先端よりも南側で砂をとり、それを上流部、ちょうど府中地区の天橋立の付け根付近にまで持っていきます。そしてそこから海に投入し、海流の力で自然に天橋立に砂が溜まるようにする方法です。砂浜に直角にいくつかの突堤を設けることで流れてきた砂が効率的に溜まるようにしています。サンドバイパス工法と呼ばれるこの工事は、冬におこなわれていますので、冬の天橋立に行けば、その様子を見ることができるかもしれません。

こうした治療の結果は、景観にも表れています。図7-17は、文珠側から見た天橋立です。写真では天橋立の右側にあたる宮津湾側の海岸がギザギザになっているのが分かると思い

7-⑰ 文珠側からみた天橋立（筆者撮影）

ます。砂を効率よく溜めるために設けられた突堤とそこに溜まった砂によって作られたものです。文珠側からの天橋立の眺め——股のぞきをしての眺め——は「龍飛観」とも呼ばれているのですが、私のそばで写真を撮っていた人が「本当に龍の背びれになっている」と感動されていました。その方の感動はそっとそのままにしておきましたが、あくまでもあれは人工的なものです。

龍になぞらえてとらえるかどうかはさておき、自然美たる天橋立に人工的な装置をつけることに対しては、ずいぶんと意見があったようです。読者の皆さんのなかにも、いろいろと意見があろうかと思います。これは、どちらがよい、どちらが悪いといった二者択一の話ではありませんし、私が判断できる話でもありません。ただ、天橋立は自然の営力だけでも、人間の営力だけでも維持できないものであるということ、そして古来より人間にとって愛でられてきたものであること、という二つの点は、確認しておいてよいことなのだと思います。一見すると自然美の極致に見えるような天橋立も、そこには昔から人間の営為が少なからず入り込み、影響してきました。そのことは今後も変わらないでしょう。そうであれば、天橋立に対する自然の営力と人工的な営力との最適なバランスを考え続けることは、やはり意味があると思います。そうしたバランスを考えるにおいて、歴史に学ぶ、というのは一つの大きな方法です。景観の歴史を考えることは、単に後ろを振り返るだけではなく、前に進むべき道筋を見つけるための作業でもあるのです。

天橋立世界遺産登録可能性検討委員会編『「天橋立学」への招待――〝海の京都〟の歴史と文化――』法藏館
金田章裕（２００２）『古代景観史の探究――宮都・国府・地割』吉川弘文館
畔柳昭雄（２０１０）『海水浴と日本人』中央公論新社
高原光（２０１７）「天橋立およびその周辺部における植生変遷」、天橋立世界遺産登録可能性検討委員会編『「天橋立学」への招待――〝海の京都〟の歴史と文化――』法藏館
松田法子（２０１２）『絵はがきの別府――古城俊秀コレクションより――』左右社
水本邦彦（２００３）『草山の語る近世』山川出版社
宮津市史編さん委員会編（２００２）『宮津市史　通史編　上巻』宮津市役所
宮津市史編さん委員会編（２００４）『宮津市史　通史編　下巻』宮津市役所

コラム 7 五感で感じる景観

景観は視覚だけではなく、さまざまな感覚から得られる情報から成り立っています。なかでも音を重視する場合、サウンドスケープと呼ぶことがあります。大都会の交差点の雑踏、牧野の広がる農村にこだまする鳥の声、いずれもその地域らしさには欠かせない大事な要素です。生活や生業に関わる音がその地域らしさを形づくっていたり、代表していたりすることもあります。

私の好きなサウンドスケープの一つは、京都の西陣の音です。西陣地区の細い路地を歩いていると、聞こえてくるのがバッタン、バッタンという音。何かといえば、西陣織の織機を動かしたときに出る音です。屋内での作業のため、その様子はまったく見えないのですが、その音が聞こえることで、作業風景を一気に想像することができます。江戸時代には各藩が京都で生み出される最新の文化を取り入れるために、京都の商人と提携していましたが、西陣織の織物は各藩が望む商品の代表格でした。西陣織は文化の中心地京都という歴史性を物語る重要な産業であり、そのサウンドスケープの維持は、京都の歴史の維持としても重要な側面を担っています。もっとも、現在のサウンドスケープを生み出している織機であるジャガードは近代になって導入されたものですので、江戸時代と違っている点は注意しないといけませんが。

7C-❶ 日田小鹿田焼の里（筆者撮影）

大分県日田市の小鹿田焼《おんたやき》の里も素晴らしいサウンドスケープです。山間の細い谷筋に開かれた小鹿田焼の窯元が集まる皿山地区では、川から水を引き「ししおどし」の原理で杵を持ち上げて陶土を粉砕する「唐臼《からうす》」と呼ばれる施設が稼働しています（図7C-1）。谷にこだまする唐臼の音は、ここが焼物の里であることを力強く物語る存在です。

この地区は2008年に国の重要文化的景観にも選定されています。陶土や燃料材、動力源としての川といった自然条件を巧みに利用しつつ、産地が形成されていることを感じ取れるとても優れた文化的景観だと思います。見るべき点も多い場所ですが、ぜひ耳を澄ましてほしい場所でもあります。

なお、皿山地区は2016年4月の熊本地震、そして2017年7月に起こった九州北部豪雨によって、陶土の採土場や唐臼などに大きな被害が出ましたが、復旧が進み、唐臼の音が再び響いています。この音がいつまでも続くように願うばかりです。

ジャガードの音や唐臼の音は、年中響いていますが、季節の風物詩となっている音もあります。夏の夜のサウンドスケープとして個人的に特に印象深いのは、岐阜県関市小瀬《おぜ》で実施されている「小瀬鵜飼」の音です。長良川の流れる音だけが聞こえる静寂のなか、篝火《かがりび》の燃える音と鵜匠たちの「ほうほう」という掛け声とともに、鵜の鳴き声が聞こえてきます。そして時折、アユを驚かせるために鵜飼舟の胴をたたく音が谷間に響き渡ります。静けさのなかだからこそ聞こえてくる活き活きとした音の集まり。鵜飼の醍醐味を味わえる瞬間です。

小瀬鵜飼の鵜匠は少し下流の岐阜市で実施されている長良川鵜飼の鵜匠とともに、江戸時代には尾張藩の御料鵜飼を務めました。現在は宮内庁式部職として年に数回の御料鵜飼をおこなっています。岐阜市は「岐阜の文化的景観」として重要文化的景観に選定されていますが、小瀬もまた素晴らしい文化的景観です。

京都の南部は宇治茶の産地ですが、現在、そのうち宇治市が「宇治の文化的景観」として重要文化的景観に選定されています。茶摘みの時期に宇治を通っ

7C-❷宇治の茶摘み（「製茶之図」より）
（所蔵：国立国会図書館）

た江戸時代の旅人の日記などには、茶園では摘み子さんたちの茶摘み歌が聞こえていたという記述が多くあります。なかには「伊予簾《いよす》のようなもので囲んだ畑のなかで、人の声が聞こえる」（『千種日記』）と、姿ではなく、声に焦点が当てられて描写されるものもあります。宇治茶の場合、抹茶用の茶葉は、図7C-2のように茶摘み前になると葦《よし》を編んだもの（よしず）で茶園全体を覆い、葉に日光を当たらなくする製法が採られていました。茶園の内側で作業をしていると外からは見えなかったでしょう。そのため、摘み子さんの声や茶摘み歌が印象に残ることになったのです。

宇治では現在も茶は手摘みでなされていますが、茶摘み歌を歌いながら、ということは（イベントなどを除けば）なくなっているようです。その意味では、追憶のサウンドスケープかもしれません。その代わり、というわけではありませんが、5月の宇治には新茶のよい香りが嗅覚をくすぐるスメルスケープがあります。これは現在の製茶法が完成して以来、ずっと宇治茶生産地に引き継がれてきた大事な要素です。

第8章 山村景観から地域の歴史と個性を読み解く

Reading the history and the locality in the landscape of mountain villages

1 東草野の山村景観

伊吹山

日本の新幹線は、世界に類を見ない正確さで運行されています。とはいえ、何らかの事情で遅延が発生することもあるのは事実。京都に住んでいる私は東海道新幹線をよく利用しますが、冬場の遅れは、ほとんどが滋賀県と岐阜県の県境付近での積雪です。この地域、岐阜県側は関ケ原町、滋賀県側は米原市で、県境には標高1377メートル、滋賀県最高峰の伊吹山が鎮座しています（図8‐1）。山体の西側では石灰石の採掘がおこなわれており、新幹線からも、その採掘跡を確認することができます。

本章ではこの伊吹山周辺、特に新幹線からは見えない伊吹山北側にある山村を事例に、自然環境や他地域との結びつきといった点から地域の個性を読み取りたいと思います。その際、比較の視点も取り込むつもりです。

伊吹山は滋賀県北部と岐阜県の県境に連なる伊吹山地の南端に位置しています(図8-2)。なぜ冬場に新幹線が遅れるのかといえば、北西から吹いてくる冬の季節風が若狭湾を越え濃

8-❶ 新幹線からみた伊吹山(筆者撮影)

8-❷ 伊吹山地の位置
(地理院地図(全国最新写真)を利用して作成)

8-❸ 歌川広重「木曽街道六十九次之内柏原」（所蔵：国立国会図書館）

尾平野に抜けていく位置に伊吹山地が壁のように位置しているからです。湿った風が山地に当たり、多くの雪を降らせます。それを示すデータとして、よく取り上げられるのが1927年2月14日の伊吹山での積雪です。この日、伊吹山では11・82メートルの積雪を観測しました。日本のみならず、世界の山岳観測史上で、いまだ破られていない世界1位の最深積雪記録です。

冷涼な気候となる伊吹山山頂付近には、高山植物も自生しています。そして、古くから薬草の採取地としても知られていました。伊吹もぐさといえば、小倉百人一首の藤原実方朝臣《ふじわらのさねかたあそん》の歌にも登場しますね。

かくとだに　えやは伊吹の　さしも草
さしも知らじな　萌ゆる思ひを

現在、新幹線が通過している谷には、江戸時代、中山道が敷設されていましたが、そこに設けられた柏原宿《かしわばらじゅく》では、伊吹山の薬草が販売されていました。1805年に刊行された『木曽路名所図会』にも「伊吹艾《いぶきもぐさ》の店多し」と書かれています。また、歌川広重の「木曽街道六十九次」シリーズの柏原宿でも、もぐさ屋の店先がモチーフになっています（図8－3）。江戸時代の旅は徒歩が基本ですし、長期間となります。土産として重たいもの、大きなものは厳禁です。そうしたなかで、旅の途中で自分用に使うこともできる薬草は重宝されました。

伊吹山周辺はいろいろな戦いの舞台になっています。古いところでは、672年に起きた壬申の乱の際、大海人皇子（後の天武天皇）が付近にあった不破の関を押さえていますし、1600年には同じ場所で天下分け目の合戦がおこなわれました。また、伊吹山の北西側には、琵琶湖に注ぎ込んでいる姉川の上流部があります。1570年に織田と浅井・朝倉の間に起きた「姉川の戦い」で有名なあの姉川です。姉川の合戦は姉川が琵琶湖の平野部に出た地域を舞台にして起こっています。

東草野の里

さて、姉川上流域には河川沿いに四つの集落が点在しています。上流から甲津原《こうづはら》、曲谷《まがたに》、甲賀《こうか》、吉槻《よしつき》で、いずれも明治期の町村制施行の際に東草野村に属しましたので、現在でも東草野と呼ばれることがあります（図8－4）。ここでも、この地域を東草野と総称しておき

8- ❹ 東草野の集落位置図（地理院地図（標準地図）を利用して作成）

8- ❺ 東草野の景観（筆者撮影）

ます。姉川両岸には1000メートル前後の山が並んでいますが、河川の谷底近くの狭小な平地部に点在する集落部の標高は、甲津原で540メートルほど、吉槻で280メートルほどとなっています。

これらの地域は、一見すると、どこにでもありそうな山村の景観をしています（図8‐5）。しかし、その視線をもう一歩深く進めると、実に面白い個性豊かな景観として立ち現れてくるのです。そうした点が評価され、「東草野の山村景観」は国の重要文化的景観に選定されています。ここでは東草野の景観について、二つのキーワードを念頭におきながら読み解いていくことにしたいと思います。キーワードはずばり「雪」と「交通／交流」です。実は、冬の東海道新幹線の遅延は、この二つのキーワードを見事に合わせたものとなっています。あの地域一帯は交通の要衝であると同時に、雪が地域らしさを語る不可欠な要素となっているのです。伊吹山の向こう側、東草野についても、同じような視点から見ていくことにしましょう。

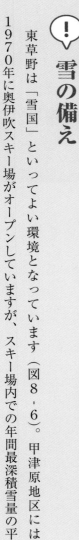

2 雪との共生

雪の備え

東草野は「雪国」といってよい環境となっています（図8‐6）。甲津原地区には1970年に奥伊吹スキー場がオープンしていますが、スキー場内での年間最深積雪量の平

8-❻ 冬の東草野（甲津原）（米原市教育委員会提供）

均は211センチメートルと、毎年、安定した積雪量があります。集落部のデータとしては甲津原の3月期の平均積雪量しかありませんが、103.9センチメートルとなっています。この地域の降水（降雪）量は1月がもっとも多いことが知られていますので、1月のデータであれば、もっと多くなるでしょう。また、最深積雪量であれば、さらに多くなることは容易に想像できます。

東草野では雪との共生が、さまざまな場面で必要となってきます。たとえば、家の配置や構造です。雪は北西からの季節風に乗って運ばれてきます。姉川上流部の谷筋は大きくみれば南北方向に刻まれていますので、東草野の集落では上流から下流に沿って風が吹き、雪が降り積もります。そのため、東草野の集落を歩くと、南側もしくは下流側に入り口が設けられている家屋（主屋）が多いことに気が付きます。入り口が雪で塞がれてしまわないようにするための工夫です。季節風の強い地域では、季節風が家屋に入り込まないよう、季節風の向きとは反対の方向に

8-⑦ カイダレ（甲津原）（米原市教育委員会提供）

入り口を設けるところが多く、東草野もその類例と言えそうですが、風に加えて積雪も考えられている点が東草野らしいところです。

そして、古い家屋を見ていると、軒下の空間がとても広いことに驚きます（図8-7）。軒下空間を作るためには、屋根を伸ばしたり、庇を設けたりする必要がありますが、それらを支えるために家屋から水平方向の腕木を伸ばして出桁《でげた》を載せるといった処置が必要となります。東草野の場合、下流に位置する吉槻では、主屋から半間（約90センチメートル）ほど出た腕木を、上流の甲津原になると一間ほども出た腕木を持つ家屋を見ることができます。この腕木のさらに外側に屋根の端がきますので、壁面から屋根の端まで一間半近くもの幅の軒下空間を持つ家屋もあります。東草野では、こうした軒下空間を「カイダレ」と呼んでいます。なお、図8-

7の家のように、腕木を支える持ち送りが発達している家が見られますが、東草野の持ち送りには地域性が見られることも明らかとなっています。

カイダレは、冬場、どのような役に立つのでしょうか。降り積もった雪に加えて、屋根の雪を下ろすために、家屋の周囲には雪がひときわ高く積もることになります。そうした雪が直接、家屋の壁面にあたると、家が傷んだりつぶされたりする危険があります。そのため、冬場になると、屋根の端に向けてカヤ、板、プラスチック板などで雪囲いをつくります。そうすることで、積もった雪が直接、家屋の壁に当たらないようにするのです。このとき、広いカイダレを持つ東草野の家屋は、雪囲いの内側に十分な作業スペースや、薪や割木を置くスペースを確保できることになります。

雪と生業

東草野では冬の間におこなう生業、もしくは雪を利用した仕事が広がっていきました。その一つが麻布づくりです。春に植えた麻は盆前に収穫し、乾燥させておきます。稲の収穫が終わった頃、蒸して麻の皮（オと呼びます）をはぎますが、その際、水路に浸して柔らかくする工程が不可欠でした。その後、オは再び乾燥させておきますが、冬になり積雪で農作業ができなくなると、オを割いて繊維にし、よりをかけて糸にしました。その際、糸を漂白したり丈夫にしたりするために、集落を流れる水路に糸を浸しました。そして、麻布を織っ

8-❽ 砕石場跡に残る矢穴（筆者撮影）

た後には雪の上にさらしてさらに漂白しました。雪や水路を流れる豊富な水を活かした東草野ならではの生業だったと言えるでしょう。ただ、麻が麻薬の原料になることから全国的に麻づくりは禁止され、東草野でも現在は途絶えています。

また、曲谷地区では石臼づくりが盛んになされていました。曲谷の集落から山を入ったところには、石切り場があり、石を割るために開けた矢穴《やあな》の跡（図8‐8）や、作業場の跡などを見ることができます。聞き取りをすると、曲谷付近で切り出された花崗岩は、硬くもなく柔らかくもない、石臼にするのに最適の石だった、という答えが返ってきました。吉槻のものは硬すぎるのだそうです。東草野の中でも曲谷で甲津原のものは柔らかすぎて、石臼づくりが盛んだったのは、こうした石材の性質の違いによることになります。

明治期の曲谷では、ほぼすべての家で石臼づくりがおこなわれていました。集落内を見回してみると、屋敷地内には作業場にあたる小屋も確認できます。石臼づくりは農作業の合間におこなわれたとのことですので、冬の曲谷地区における主要な作業だったことでしょう。

動力革命が興り、石臼で粉を挽く文化が衰退していくと、石臼制作の生業自体も衰退し

8-❾ 石臼のモニュメント（筆者撮影）

てしまいました。現在、曲谷地区に石材加工を営む家はまったくなく、麻布づくりと同様、東草野からは失われてしまった生業となっています。

ただ、景観の中にはそうした生業の痕跡をうかがえる要素がいくつもあります。石臼づくりで失敗をしてしまった石や未成品のまま残された石、もしくは完成したものの出荷されなかったような石が、集落内のあちこちにあるのです。花壇の外枠に利用されていたり、建物の基礎石になっていたり、階段になっていたり、石垣に利用されていたりと、実にさまざまな使われ方をしています。また、集落の入り口には石臼のモニュメントが制作されており（図8‐9）、石臼の集落としての歴史が顕彰されています。

水の活かし方

東草野を歩いていると、道路脇や屋敷地内に水を溜める施設が作られていることに気が付きます。図8-10と図8-11は、曲谷地区の中に見える施設ですが、これらは「イケ」と呼ばれています。

8-⑩　東草野（曲谷）のイケ（水路利用タイプ）（筆者撮影）

8-⑪　東草野（曲谷）のイケ（拡張タイプ）（筆者撮影）

以前、学生たちと東草野に行った際、学生たちがイケに関心を持ちました。そこで、2日間かけて東草野内のイケを調べることにしました。すると、図8-10のように、水路の一部をイケとして利用するものであったり、図8-11のように水路を拡張する形となっているものであったりと、さまざまなタイプのイケを発見できま

8- ⑫ 東草野（甲津原）のカワト（筆者撮影）

した。また、水路内の水を直接貯めているものも、山から湧き出た谷水をイケに引いているものもあり、水源もイケによって違うようです。雪の多い東草野には山からの湧水が豊富な場所がたくさんあります。こうした水をうまく活用するための装置だということになります。

付近の方にイケの利用法を尋ねてみると、収穫した野菜などの泥落としや農機具を洗うのに今でも使っているとのこと。そして、以前は食器洗いや洗濯、そしてふろ水にも使っていたとのことでした。

その後に刊行された文化的景観に関する報告書によれば、井戸のない家では飲用水もイケから得ていたとあります。つまり、以前は生活のさまざまな場面でイケの「水」が利用されていたわけです。

さらに、融雪の際に水路に雪を入れることもあったということで、水路やイケは「雪」の暮らしにも不可欠な存在でした。そもそも流れている水からして山に降り積もった雨雪が地下に浸透したり、流れ出したりしたものですから、暮らしの根幹である「水」が「雪」に密接に結びつくわけです。

なお、甲津原地区では、イケの他にも、水路を板などで堰止めた施設も見かけます（図8-12）。水田横には堰を持つ水路があるのは普通です。水田に導水するために水路内の水の高さを上げる必要があるからです。しかし、甲津原では集落内にそうした施設があり、しかもどこかに導水するようなパイプや樋は見られません。この施設、甲津原ではカワトと呼ばれていますが、甲津原の民宿でお聞きすると、使われ方としては基本的にイケと同じだということでした。水を溜めるか部分的に堰き止めるかの違いで、機能に差はないということになります。

なお、先述した麻布づくりでも、麻のオをさらすときに、イケやカワトが利用されていました。

水利用の比較誌

東草野に見えていたイケやカワトは、山からの谷水や川から引いた水が下流へと流れる区間に作られていました。当然、上で利用すると下では汚れた水が流れることになります。ですので、

8-⑬ 高島市針江のカバタ（高島市教育委員会提供）

たとえば飲用水として利用していたころは、飲用水は朝一番に汲んでおくといったような工夫がなされていたようです。また、甲津原では、おしめなどの洗濯にはカワトを利用せず、水路が姉川に流入する付近まで行って洗うといった気遣いがありました。

東草野を調査して、このようなことが分かったとき、水利用に関して別の二つの地区のことが思い出されました。一つは同じ滋賀県でも湖西に位置する高島市新旭町針江の「カバタ」です。針江集落には地下水の自噴する場所がたくさんあり、それらを生活用水として利用するために水場・洗い場が設けられています。これがカバタです（図8-13）。流れてくる水を使う東草野とは違い、自噴している水源地を利用しています。カバタに溜まった水は、その後、水路へ入り、最終的に琵琶湖に注ぎ込みます。針江の人々はカバタに

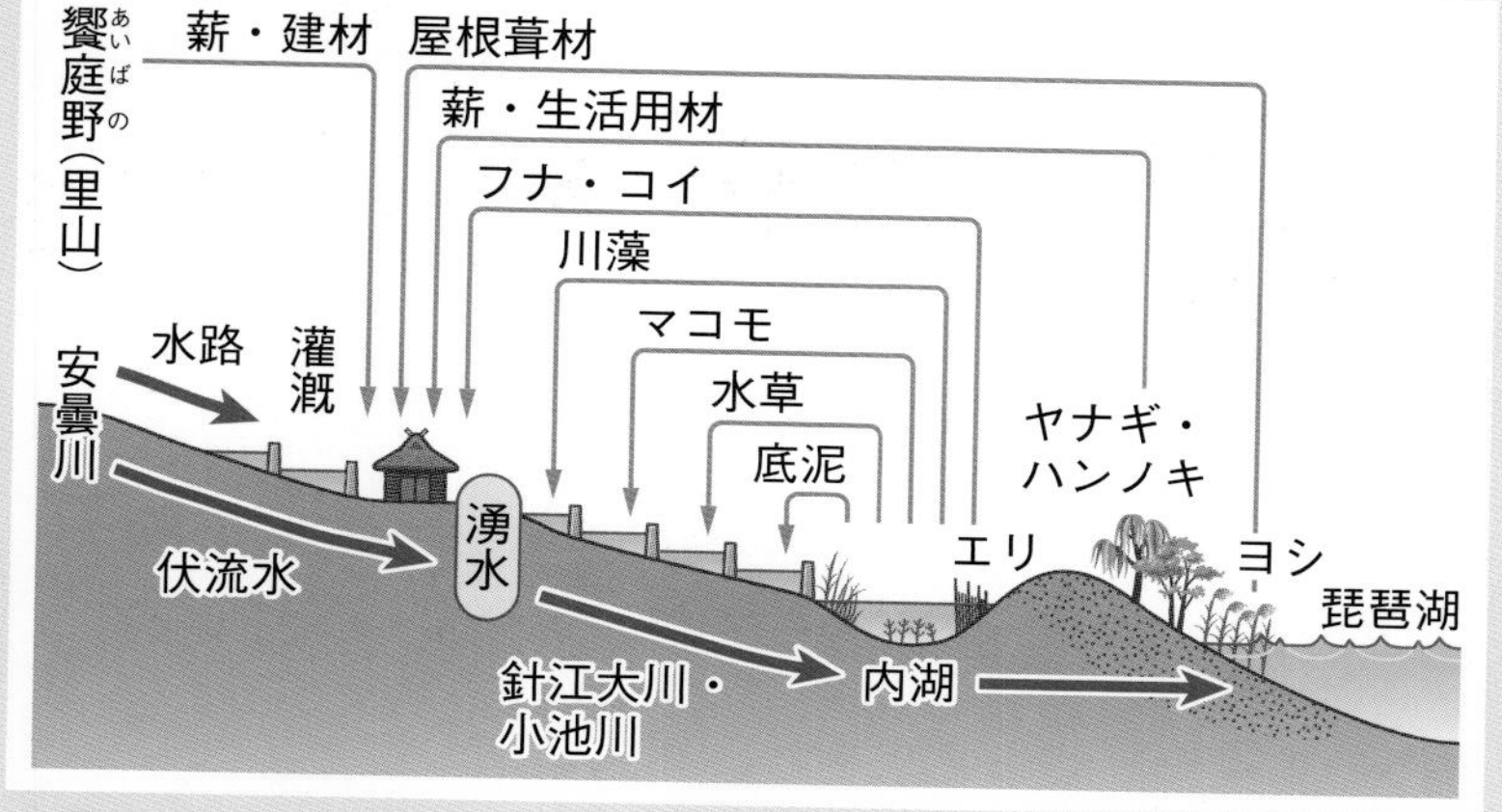

8-⑭ 針江・霜降の水環境利用システム（高島市教育委員会提供）

「元池《もといけ》」→「壺池《つぼいけ》」→「端池《はたいけ》」の3槽を設け、元池は飲料用として、壺池は洗い物用として利用し、端池ではコイなどを飼育しています。コイが残飯などを食べて水を浄化することで、汚い水を水路に流さない工夫がなされているのです。

東草野の場合は姉川の上流に位置しており、東草野で利用された水は姉川を通過するなかで浄化されていきます。それに対し、河口（琵琶湖）に近い針江地区では、水の循環をより意識するような生活環境にあったのだと思われます。また、源泉を利用した施設であることも関わっているでしょう。

針江地区や近隣の霜降地区では、こうした水環境利用システムが丁寧に調査されています（図8-14）。そして、その独特の利用法が現在も続いていることなどが評価され、「高島市針江・霜降の水辺景観」として、国の重要文化的景観に選定されています。

8-⑮ 京都市雲ケ畑のスイモンツボ（筆者撮影）

東草野も重要文化的景観に選定されており、同じような施設が景観内にありますが、その使われ方や環境内の位置づけは、ずいぶん違います。それはどちらがよい、どちらが悪いといった順位がある違いではなく、それぞれの地域の持つ個性としてとらえるべきでしょう。

もう一つ思い浮かんだのは、京都市の北部山間地、賀茂川の上流に位置する雲ケ畑《くもがはた》の「スイモンツボ（水門壺）」です（図8-15）。スイモンツボは私の以前のゼミ生が卒業論文の調査で知り、教えてくれたものです。形はイケと同じようなものですが、用途は大きく異なります。イケやカバタはいわゆる生活用水を取るための施設ですが、雲ケ畑のスイモンツボは利用した後の水を貯める下水処理施設となります。写真を撮らせていただいた家では、家庭内で利用した排水をスイモンツボに一時的に溜めて生ごみなどを沈殿ろ過させてから、水を賀茂川に流しています。畑に撒く水として溜めているという家もあります。いずれにしても、賀茂川には直接、生活排水が流れ込まない仕組みとなっているわけです。あえて言えば、カバタのなかの端池の機能に近いかもしれません。

賀茂川をきれいに保つという点で、もう一つ興味深いのは、雲ケ畑の墓地の位置です。なぜか集落のある谷ではなく、山を越えて桂川水系の支流にあたる真弓川側に位置しているのです。雲ケ畑の人にこの理由を聞いてみると、「御所に不浄な水を流さないために昔からこうだった」というのです。確かに賀茂川は京都盆地に流れており、御所の用水源となっています（図8-16）。また、近世には仙洞御所に鮎を献上していたり、近代には御猟場と設定されていたり、大嘗宮《だいじょうきゅう》御造営の御用材を供納していたりと、雲ケ畑は歴史的に御所・皇室とのつながりがみられる地域の一つでした。そうしたなかで、御所で使う水を不浄

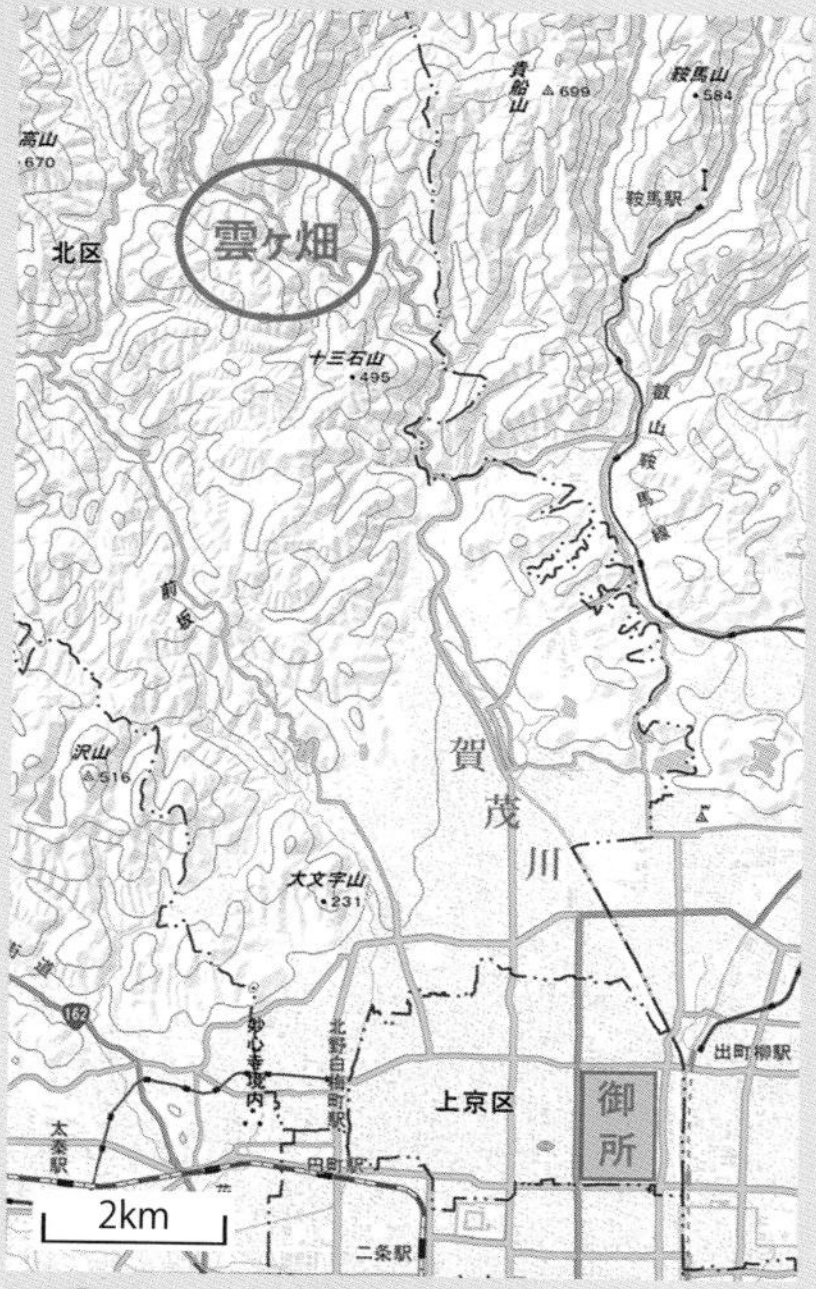

8-⑯ 雲ヶ畑と御所の位置関係
（地理院地図（標準地図）を利用して作成）

にしてはならない、といった意識が醸成されたのでしょう。この意識が歴史的にどれくらい遡るかは検討が必要ですが、少なくとも近代以降の雲ケ畑には、都や皇室とのつながりの意識が、景観の形成や認識にも一定の影響を与えていると言えそうです。スイモンツボも、単なる環境保全ではない、雲ケ畑らしい川への考え方が反映している可能性があります。

このように、イケやカワトに類似した景観構成要素は、他の地域でも確認できますが、それぞれ利用法や意味合いに地域性が埋め込まれています。逆に、他の地域の事例を参照することで、東草野のイケやカワトは、湖西でもなく京都北部でもなく、東草野ならではの自然環境や地理的位置のなかで成立したものであることが、明確になります。

3 東草野の交通・交流

！山を越える交通・交流

現在の東草野でもっとも「雪」を有効に利用しているのは、奥伊吹スキー場でしょう。ウィンタースポーツ愛好者が減少するなかにあって、奥伊吹スキー場では毎年の来場者数が10万人前後の規模で維持されています。2018／19年シーズンは1970年の開業以来、最速で10万人を超えるといったニュースもありました。

奥伊吹スキー場に行くには、東草野を貫いている姉川筋の道路（県道山東本巣線）を利用する必要があります。大きく見ると、南北方向の移動です。スキー客に限らず、東草野に居住する人々も、日常的に利用するのはこの道だけです。しかし、こうした姉川の谷沿いルートは、あくまでもここ数十年の間に急速に整備されたルートであることを心に留めておく必要があります。

この道の開設は1883年で、それ以前は谷筋ではなくいくつかの尾根を越えていく起伏の多い峠道でした。自動車の離合が容易な道へと整備されたのはスキー場の開設以降のことですが、それでも集落内の狭い旧道を踏襲していたり、ヘアピンカーブが連続していたりと、自動車の通行しやすい道ではありませんでした。こうした状況が改善されたのは、1990年代の姉川ダム建設にともなって県道の付け替え工事が実施された後のことで、1995年に現在のルートが完成しています。またスキー場のある関係できれいに除雪されるため、冬場でも通行しやすい道となっています。

こうした姉川沿いの道を使った交通／交流に対し、以前から利用されていたのは、山を越えていく峠道でした。東草野を調べていくと、こうした山越えの交通／交流によってもたらされた文化や技術が多数確認できます。

たとえば、先に紹介したカイダレもそうした山を越えた交流を示す例の一つです。カイダレは岐阜県側、揖斐《いび》川水系上流に位置する揖斐川町（旧春日村、旧坂内村）でも確認されています。東草野とこうした揖斐川水系の地域との間には1000メートル級の山の連なる伊吹山地がありますが、国見《くにみ》峠、品又《しなまた》峠、新穂《しんぽ》峠などの峠を越えての大工の移動や建築技術の

8-⑰ 顕教踊り（米原市教育委員会提供）

伝播があったことになります（図8‐4も参照してください）。

信仰や伝承といった点でも、同じく揖斐川水系上流部とのつながりが確認できます。東草野には、1570年の石山合戦に敗れ、畿内を転々とした顕如《けんにょ》・教如《きょうにょ》が甲津原の行徳寺《ぎょうとくじ》に一時、身を隠した、という伝承があります。面白いのは、東草野の周辺でも教如に関する伝承が多数残されていることです。その多くは、関ケ原合戦時に教如が大垣、春日、国見峠を経て姉川流域に出て、そして吉槻から七曲峠《ななまがりとうげ》と呼ばれる琵琶湖岸地域に抜ける峠道を通って長浜に向かって逃れたというものです。こうした伝承のある西濃地方、湖北地方は真宗信仰が盛んな地域ともなっています。

真宗には「廻り仏」と呼ばれる法要があります。特定の法主の御影や消息を一帯の地域のなかで巡回させて、法要を営んでいくものですが、東草野では顕如・教如の絵像が回されています。その巡回ルートは、甲津原の行徳寺から岐阜県揖斐川町の旧坂内村の寺院を回って吉槻《よしつき》の光泉寺《こうせんじ》へ向かうものとなっており、伊吹山地を挟んだ信仰に基づく民俗的な交流の典型となっています。以前は徒歩で峠を越えていたということですが、現在は自動車を使って大きく迂回しているそうです。

また、滋賀県北東部から岐阜県の揖斐川上流部にかけては、太鼓踊りと呼ばれる踊りが拡がる地域でもあります。この太鼓踊りの一種として、顕教踊りという踊りの見られる場所があり、甲津原もそうした地域の一つです（図8-17）。甲津原の顕教踊りは、先の顕如・教如伝承と強く結びついて語られており、顕如・教如を慰めるために踊ったのが始まりと伝えられています。顕教踊りは揖斐川上流域でも確認でき、ここでも伝承の広がりを確認することができます。

七曲峠と吉槻

こうした岐阜県側（揖斐川水系側）との交流に加えて、当然ながら琵琶湖側との交流もありました。先に示したように、東草野から琵琶湖岸の平野部に向かう場合、現在は姉川の谷筋に沿って走る県道40号を使って南方向に移動して平野部に至ります。山地部を抜けたところにある米原市春照《すいじょう》の集落まで、東草野の一番南に位置する吉槻からだとおよそ10キロメー

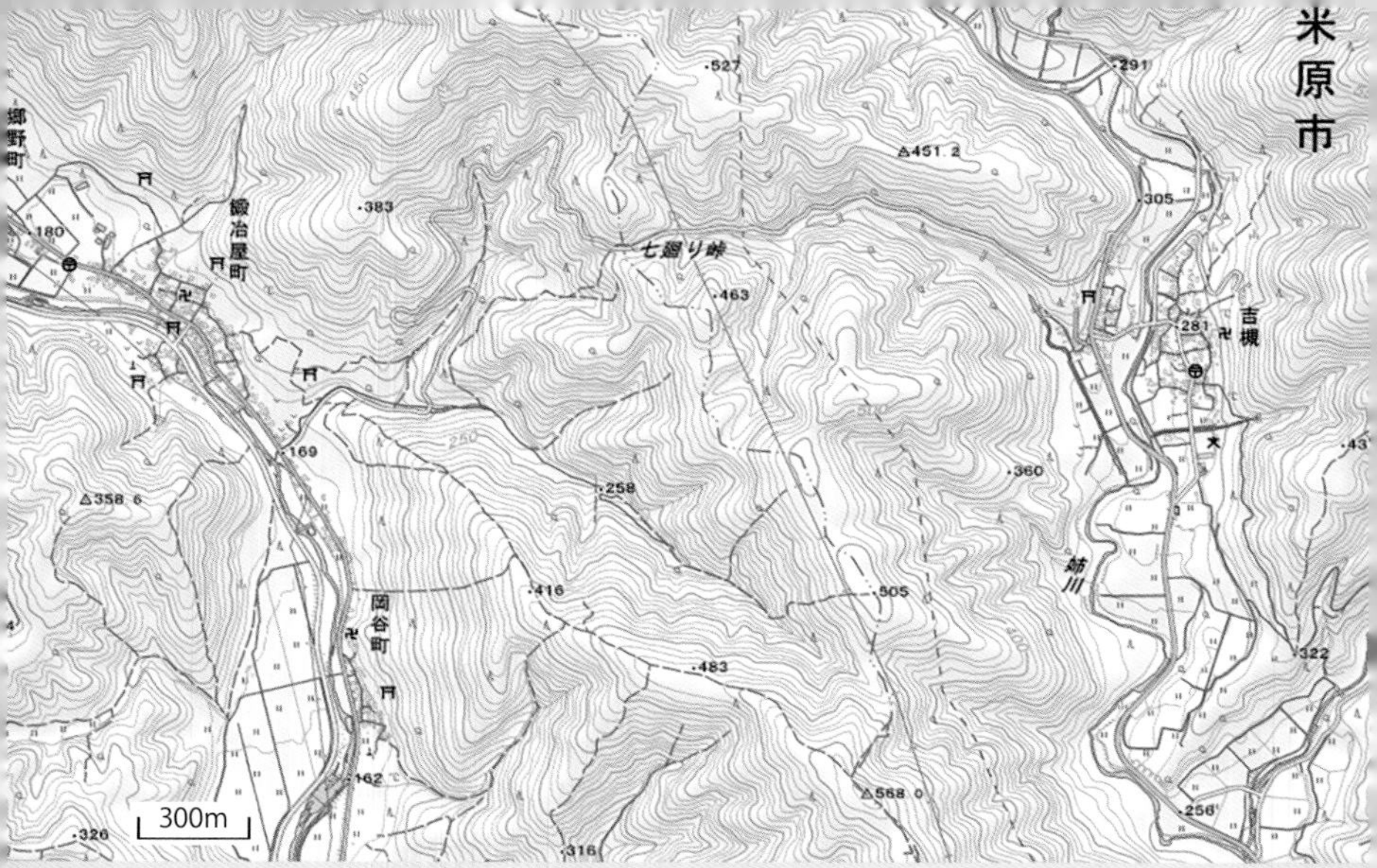

8-⑱ 七曲峠（七廻り峠）（地理院地図（標準地図）を利用して作成）

トル、一番北に位置する甲津原からだと18キロメートルほどになります。

　こうした道に対して、スキー場の開設される以前は、吉槻から西の山に入り、峠を越える道が頻繁に利用されていました。国土地理院の地理院地図では「七廻り峠」となっていますが、東草野では七曲峠と記されることが多いようです（図8-18）。ここでも、七曲峠と記すことにします。七曲峠を西に抜けると、長浜市（旧東浅井郡浅井町）鍛冶屋です。吉槻から鍛冶屋の集落まで直線距離にして2キロメートル強、道沿いに計測しても3・5キロメートルほどです。七曲（七廻り）という名前だけあって、直線的に進むのに比べるとずいぶんと曲がりくねっていることがうかがえますが、それでも姉川沿いのルートに比べると半分以下の短さで平野部の集落に行くことができます。

　ここに峠道が発達した理由は、地形条件からみ

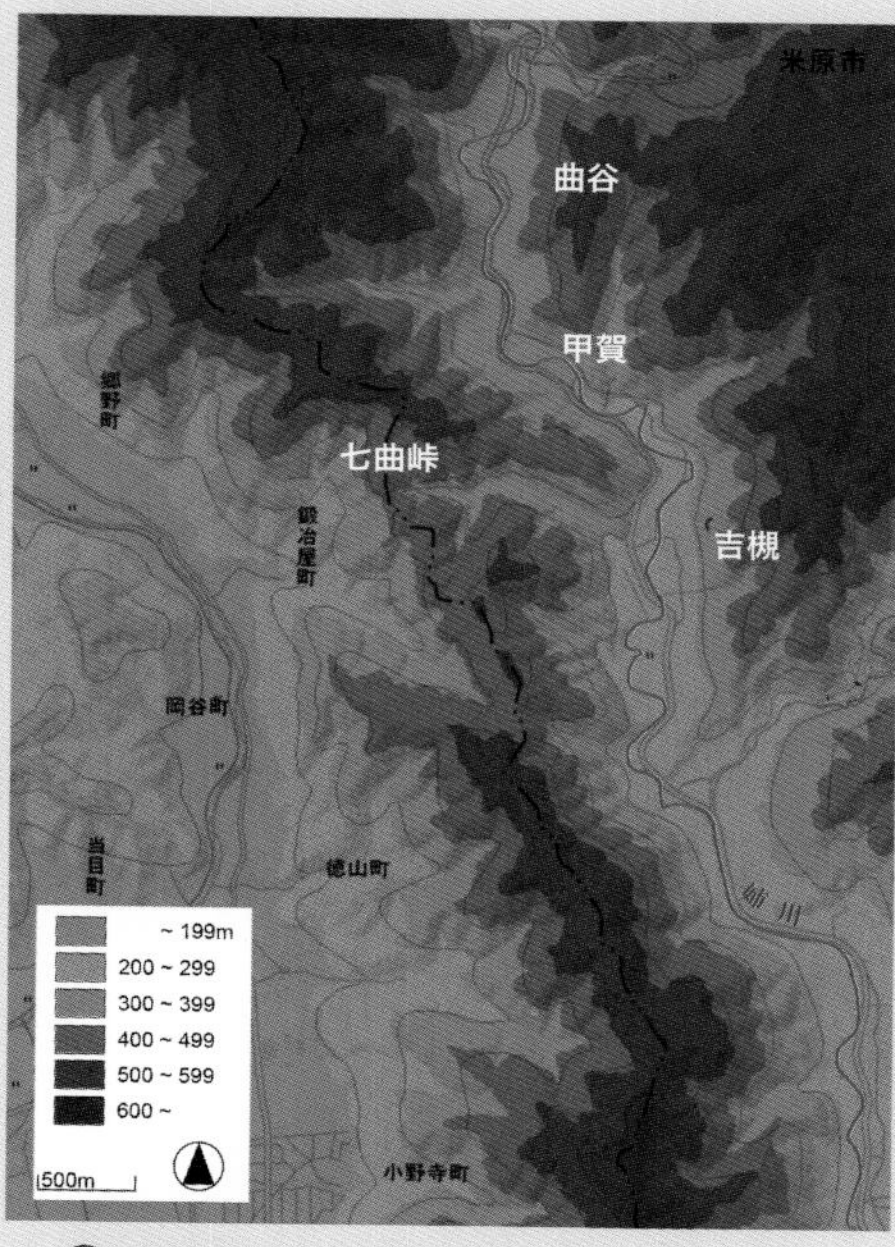

8-⑲　七曲峠付近の標高別色分け図
（地理院地図（標準地図）を利用して作成）

ると、よく分かります。東草野の位置する姉川上流部の西側には標高500～600メートルの山が連なっているのですが、途中、山の連なりが低くなる場所があります。七曲峠はちょうど、この部分を通過するのです。

このことを100メートルごとに色分けした標高図を使って確認してみましょう（図8-19）。姉川右岸（西岸）に並ぶ山地をみると、吉槻付近のみ、500メートル以下となっている場所がいくつか見えます。そのなかでも、もっとも標高の低いのが七曲峠で、吉槻の西部から谷が大きく入り込んでいます。峠の最頂部のみ、400メートルを越えていますが、それ以外は400メートル以下となっており、通行のしやすい峠であることが分かります。

鍛冶屋側からみると、集落から南東方向に延びる谷も姉川流域に向かう道の候補となりますが、こちらは降りた先に集落がありません。それに対して、七曲峠は降りた先が吉槻の集落ですので、道としての利便性は七曲峠のほうが上です。七曲峠が道として発達したのは道の険しさと集落立地の両方が関わってのことだったと思います。

東草野のなかで琵琶湖岸への峠道が発達したのは、この七曲峠だけでした。そのため、吉槻は姉川流域上流部と琵琶湖岸平野部を結ぶ交通ルートの要衝として、商店などが複数立地し、行政施設や公共施設などもある町場的な様相を示す集落となっていました。

その典型は郵便局の存在です（図８‐20）。東草野郵便局は東草野にある唯一の郵便局で、現在は吉槻集落の中にあります（図８‐18で地図記号を確認できます）。しかし、１９９０年代頃までは集落の西側、七曲峠の入り口付近にありました。地域の方によれば、車を入れる

8‐⑳ 東草野郵便局（筆者撮影）

のが難しかったので移転したということです。逆に言えば、車を使っていなかった頃の郵便物はこの七曲峠を使って往来していたために、七曲峠の麓に郵便局が置かれていたのだということになります。なお、七曲峠の麓にあった頃は、近くに駐在所もあったということです。

また、かつての東草野村役場も吉槻に置かれました。東草野村は１９５６年に合併し、伊吹村となりましたが、その後は伊吹村役場吉槻支所として利用されました。そして、

2005年に再び合併して米原市となった後は、米原市吉槻行政サービスセンターとなっています。このサービスセンターには診療所も併設されていますので、地域医療の中心にもなっています。

戦前からある商店としては立沢商店が挙げられます（図8-21）。この商店は、県道沿いに位置しています。吉槻の集落中心は姉川の左岸（東側）ですが、戦前から右岸（西側）には甲賀や曲谷などの姉川上流に続く道であったり、七曲峠であったりの往来道があったため、右岸（西側）にも集落の一部が展開していました。ですので、立沢商店は現在の道の整備以降に出店したわけではなく、それ以前の往来システムに基づいて立地した商店です。

8-㉑ 立沢商店（筆者撮影）

吉槻を含めた東草野では、以前、炭焼きが盛んにおこなわれていました。各集落で作られた炭は、すべて七曲峠を越えて運ばれ、仲買商に卸していました。また、養蚕も盛んで、こちらも同じく七曲峠を越えて運ばれていました。甲賀以北の集落の人たちも、吉槻まで下りてきてそこから七曲峠に向

8-㉒ 明治期の地籍図にみえる吉槻と七曲峠
(「地券取調総絵図　近江国浅井郡第壱区　吉槻村」 所蔵：伊吹山文化資料館)

かうわけですから、吉槻には東草野の拠点となる必然性が出てくることになります。また、吉槻の集落で聞き取りをすると、峠を越えた所にある鍛冶屋集落に仲買商があったのでそこに卸し、帰りには鍛冶屋で必要な物資を購入して帰ったということでした。七曲峠は、人の往来と同時に、東草野と琵琶湖岸地域との間でなされたモノの流通にとっても幹線道路だったわけです。

明治期の七曲峠の様子を想像できる資料があります。図8-22は、1873年（明治6）8月に作られた「地券取調総絵図 近江国浅井郡第壱区 吉槻村」という地図の一部です。第2章でも触れましたが、こうした明治期の地図は、一般に地籍図と呼ばれています。地籍図は何度か作製されたことが知られていますが、この図はそのなかでももっとも古い時期に作り始められた「壬申地券字引絵図」という種類に分類できるものです。

図8-22を見ると、七曲峠に至る道沿いには「田」もしくは「畑」の地目を持つ黄色に塗られた区画がずっと並んでいます。この図は地券発行のための図ですが、地目によって地価の算出基準が異なっていましたので、地目は正確に調べられています。ですので、当時、道沿いの土地が「山」や「荒地」ではなく、田畑として利用されていたのは間違いありません。峠道というと、何やらうら寂しいイメージを持ちがちですが、少なくとも吉槻から峠をめざして尾根を越えていく間は、ずっと田畑が続いており、人の暮らしの息遣いが聞こえる景色となっていたことがうかがえます。また、幹線道路として1日に多くの人が利用しており、峠道で誰にも会わないといったことは、さほどなかったのではないかと推察されます。

こうして、吉槻は七曲峠の隆盛とともに地域の拠点集落として栄えてきました。しかし、その基盤となる七曲峠は、現在、ほぼ使われていません。先ほど挙げたように、姉川の谷沿いを南北に通過する道路が整備された結果、徒歩で七曲峠を越える必要がなくなり、自動車で谷を下っていけば、簡単に琵琶湖岸平野部に出られるようになったからです。その結果、吉槻からは多くの商店がなくなっていきました。聞き取りをした結果、谷沿いの道路が整備される以前は、吉槻のなかだけで実に20軒近くの商店や施設があったことが分かりました。しかし、現在ではわずか数軒の商店、施設があるに過ぎません。ここに紹介した郵便局や商店などが、吉槻と七曲峠の関係の記憶をわずかに留めているといってよいでしょう。

東草野らしさ

「雪」と「交通／交流」といった視点から、東草野の特徴を見てきました。雪景色は冬しか見ることができませんが、豪雪に対応したカイダレや、雪解け水を利用したイケ・カワトは、いつでも確認することができます。同じような施設は他の地域でも確認できますが、生活や生業に利用されていた状況や、地域のなかでの意味合いを調べていくと、東草野らしい側面のあることが改めて分かります。そして、現在は姉川の谷筋を利用した道路が東草野にアクセスできる唯一の道となっていますが、以前はいくつもの峠道があり、さまざまな地域とつながっており、文化や技術の交流、そして経済的な活動が営まれていたのです。

景観のなかには、現在も利用されている要素もあれば、曲谷地区の石臼のように歴史を語る地域遺産となっている要素もあります。峠道のなかにはすでにたどれなくなったものもありますし、自動車道のように新たに付け加わった道もあります。炭焼きをしていた頃の山と今の山とでは、樹種や繁茂の具合が随分と違うでしょう。

このように、景観は常に変化しています。そうしたなかで東草野らしさを示しているのはどういった要素で、どういった方向性なのかを把握することは、今後の景観の変化を考える際に一つの方向性を与えてくれるものとなります。東草野の場合、自然条件や歴史的経緯からみると「雪」と「交通／交流」が東草野に他の山村とは違う特徴をもたらしていた根幹だったと思います。そのうち、「雪」については、それを活かした新しいイノベーションとしてスキー場が近代に付加されました。一方、「交通／交流」については、まさにスキー場の開設などによって、東草野に訪れる観光客の数は大幅に増加しましたが、峠道の廃絶によって、いろいろな地域と結びついていたという東草野らしさは急激に失われていってしまいました。東草野らしさの未来を考えるとき、もしくはそうした「らしさ」をＰＲするとき、こうした現状をどうとらえるかが、一つのポイントとなるでしょう。

とはいえ、東草野を歩いてみると、他地域との結びつきを示す痕跡は、まだあちこちに残っています。そうした痕跡を発見するのも、景観の読み解きでは重要となりますし、そうした痕跡をうまく活用できればと思います。

高島市新旭地域のヨシ群落および針江大川流域の文化的景観保存活用委員会編（２０１０）『「高島市針江・霜降の水辺景観」保存活用事業報告書』高島市

米原市東草野の文化的景観保存計画策定委員会編（２０１３）『米原市東草野の散村景観保存活用事業報告書』米原市

宮崎浩史朗「雲ケ畑の景観史」（京都府立大学文学部歴史学科平成24年度卒業論文）

吉見静子（１９８３）「揖斐郡坂内村の民家の特性」岐阜女子大学紀要12

吉見静子（１９８４）「岐阜県春日村の民家の特性」日本建築学会大会学術講演梗概集、計画系59

コラム⑧ 場所の記憶を伝える

景観を構成する要素のなかには、その場所で起きたことなどを記念・顕彰するために作られた記念碑（モニュメント）もあります。記念碑というと、記念すべき内容が刻まれた石碑を思い浮かべるかもしれませんが、ヨーロッパなどには戦勝記念の塔や彫刻像なども多くあります。また、建造物・構造物もある意味で記念碑としての機能も担うことがあります。ロシア・オーストリア連合軍との戦いに勝利した記念にナポレオンが造らせたエトワール凱旋門（図８Ｃ-１）や、１８８９年に開催されたパリ万博にあわせて造られたエッフェル塔などはその代表格でしょう。何かの折に記念植樹された樹木なども、やはり記念碑的な役割を持つといってもよいでしょう。

　他にも当初は記念の意味はまったく込められていなくとも、その後の出来事や時代の変化のなかで場所の記憶を伝える存在になっているものもあります。たとえば江戸時代の城跡などはその典型です。江戸時代そのものを伝える装置になっている一方、その都市の成立や履歴を物語る装置ともなって

8C-❶ 凱旋門

います。世界遺産の姫路城をはじめ全国には12か所の現存天守がありますが、一方で失われた天守を復元しているところも数多くあります。そうした復元天守が城のあったことを記念する存在になっていることは明らかです。

　地区一帯が記念空間として整備されることもあります。江戸時代の城跡が公園として整備されているのは、その典型でしょう。また、1970年に大阪で開催された万国博覧会（大阪万博）の会場跡地や、2005年に愛知県で開催された日本国際博覧会（愛・地球博）の会場跡地は、その後、それぞれ万博記念公園や愛・地球博記念公園となりました。大阪万博のテーマ館として造られた岡本太郎の太陽の塔は、万博後も保存され、現在に至るまで万博記念公園のシンボル的な存在となっています。

　本来はもっと広い範囲で起こった出来事にもかかわらず、特定の場所の記憶を集中させる形となっていることもあります。たとえば、世界遺産になっている原爆ドームや隣接する平和記念公園が挙げられます。原爆ドームの建

8C-❷ 沖縄県平和祈念資料館（筆者撮影）

物は1915年に広島県物産陳列館として建設されたものですが、現在は原爆投下の史実を伝え、平和の重要性を発信する存在となっています。もちろん、原爆ドーム以外にも広島市内にはいくつもの被災建物がありました。しかし原爆ドームがまさに被災の象徴として記念碑化していく一方で、他の建物の多くは都市復興の過程で解体され、姿を消していきました。結果として、原爆の記憶が爆心地に近い原爆ドームと隣接地の平和記念公園に集約されていったのです。

沖縄戦の記憶についても触れておきましょう。沖縄戦の記憶を伝える場としては、沖縄本島南部に位置する糸満市のひめゆりの塔や沖縄平和祈念公園・平和の礎を思い出す人が多いと思います（図8C-2）。6月23日の「慰霊の日」には沖縄平和祈念公園で「沖縄全戦没者追悼式」が開催されていますし、沖縄戦の記憶の中心地となっていることは間違いありません。

しかし、戦没者慰霊碑は沖縄県内各地にあり、たとえば沖縄県ウェブサイトには慰霊碑一覧として440基が掲載されています。図8C-3は中城村《なかぐすくそん》奥間区の慰霊碑ですが、こうした地区の碑の建立経緯などを尋ねて回ると、いずれも地域の記憶の場となっていることが分かります。沖縄の各地の景観のなかにそうした記憶の場があるという事実を、私たちはしっかりと認識する必要があります。

8C-❸ 沖縄県中城村奥間区の慰霊碑（筆者撮影）

米山リサ（2005）『広島——記憶のポリティクス』岩波書店

沖縄県ウェブサイト内「慰霊塔（碑）一覧」https://www.pref.okinawa.jp/site/kodomo/heiwadanjo/engo/top/documents/ireito_2012-06.pdf

おわりに

本書では景観の見方、読み解き方について、いくつかの事例を紹介してきました。景観にはその地域の自然や歴史が刻まれていますし、そこでの人々の営みにあふれています。景観を読み解くことで、その地域の個性、地域らしさに触れることができます。そうした地域らしさへの接近ができるようになると、自分の住んでいる地域でも、これまで気が付かなかったような側面が急に見つかるようになるかもしれません。また、旅で訪れた初めての場所でも、景観を手がかりにして地域の自然や歴史を読み解くことができるようになるかもしれません。

景観は「見た目じゃない」のですが、見た目も重要な要素であることは言うまでもありません。その意味で、景観の読み解きに際して、まずは目の前に広がっている世界を丹念に見ていくことがとても大事になります。本書の最初のほうでは道に注目することから読み解きを始めてみましたが、確かに道は常に足元に存在している要素ですので、手掛かりとしてはよい事例かと思います。なぜ道がまっすぐなのか、なぜ曲がっているのかという疑問を持つか持たないかで、普段見ている世界への関心は大きく変わることになります。

その他にも、たとえば建物や用水路、河川といったものもよいでしょう。河川にいくと、河川敷の石や砂の状況から、周辺（上流）の地質についても想像できますし、建物の入り口の方向や軒の様子、間取りなどからは、地域の気候や生業を知るヒントが得られます。

景観を知るためには、地図はとても役に立つ資料となります。本書では国土地理院の提供している地理院地図を多用しました。これは電子媒体で提供される地図ですが、こうしたデジタル地図は民間企業が提供しているものも広く普及しています。また、従来の紙媒体の地形図や観光地図も役に立ちます。そして、過去に作られた古地図といったものも、景観の読み解き（特に復原や変遷）には大変有用です。私は、江戸時代を中心とした古地図についても関心を持っており、普段から古地図を使うのに慣れています。古地図を持って町歩きをすると、目には見えていない過去の世界が広がってきますので、景観についてのより深い理解を得られると同時に、それ以上の疑問に出会えることになります。本書ではあまり古地図を使っていませんが、現在は各地の古地図の復刻版が販売されています。また、一部についてはウェブサイトなどで閲覧することも可能です。ぜひ、身近な地域の古地図についても調べてみてください。

景観の中にある要素や地図以外に、本書では童謡や物語も読み解きのヒントとして利用しました。子どもの頃から親しんでいる文化には、景観へのある種のステレオタイプが潜んでいます。そうしたステレオタイプは見方や読み解き方の指南役として最適ではありますが、それ以外の見方があることに気づきにくくなる、という点では弊害もあります。子どもの頃に、基本となる見方をしっかりと学び、大人になってそれとは違うより豊かな見方を知るという意味で、こうした伝統的な見方を知ることには大いに賛成ですが、それだけでとどまってしまうのはもったいないですよね。ステレオタイプからの脱却というのは、景観の読み解きにはやはり必要不可欠だと思います。

また、今回、後半では重要文化的景観に選定されている地域の事例をいくつか紹介しました。文化的景観は、地域らしさに価値を見出す文化財です。ただ、個性が強いだけではなく、日本の生活や生業を例証しているという一般性も必要となります。その意味で一般的であるようでいて個性的な景観、つまり「どこにでもあるような、どこにもない景観」であることが文化的景観には求められます。逆に言えば、奥内や天橋立、東草野の読み解きは、単にその地域の個性を抽出しただけでなく、日本にはたくさんある棚田景観であったり、海辺の観光地であったり、雪深い地域であったりをとらえるための見方についても、提供していることになります。すべての地域には個性が存在していますが、そうはいっても、類似している点もあるわけです。重要文化的景観になっている地域は、ある種の代表例。代表例を知ることで、その他の地域にも応用できる見方・読み解き方に触れることができればいいですね。

本書の作成に当たってベレ出版の森岳人さんには大変お世話になりました。的確なコメントのおかげでどうにか一書にまとまることができました。感謝申し上げます。本書の内容は、これまでの現地調査がもとになっています。その一部は科学研究費（20K01160）の成果に依ったものです。一人でおこなった調査もありますが、他分野の先生や、私のゼミ生たちと一緒におこなった調査もあります。そうしたチームでの調査では、一人では気が付けない景観の微細な特徴について、違う角度から指摘いただける機会も多く、毎回がワクワクの連続です。お世話になった先生方、そして歴代ゼミ生にこの場を借りて感謝したいと思います。特に私のわがままに付き合ってもらうことも多いゼミ生には、お詫びも込めて。

また、京都に住んで長くなったものの、両親や妹と暮らした高松郊外が私の原風景。そこからすべてが始まっています。田んぼが急激になくなり、帰省する度に景観は変化していますが、いつでも温かく、そしていつも通りに迎えてくれる両親、そして対岸に移り住んで頑張っている妹とその家族に、本書を捧げたいと思います。

著者紹介

上杉 和央（うえすぎ・かずひろ）

▶香川県出身。博士（文学）。京都府立大学文学部准教授。
京都大学大学院文学研究科博士後期課程修了。

京都大学総合博物館助手・助教、京都府立大学文学部講師を経て現職。

日本の景観史に関する研究、および文化的景観の調査と保存活用についての研究と実践をおこなっている。

主著
『江戸知識人と地図』京都大学学術出版会
『地図から読む江戸時代』筑摩書房

◉── 装丁・本文デザイン　神谷 利男、坂本 成志、發知 明日香
◉── 本文DTP　神谷利男デザイン株式会社
◉── 図版作成　中野 成
◉── 校閲　有限会社蒼史社

歴史《れきし》は景観《けいかん》から読《よ》み解《と》ける——**はじめての歴史地理学**

2020年10月 25日　初版発行

著者　**上杉 和央《うえすぎ かずひろ》**
発行者　内田 真介
発行・発売　ベレ出版
〒162-0832　東京都新宿区岩戸町12 レベッカビル
TEL.03-5225-4790　FAX.03-5225-4795
ホームページ　https://www.beret.co.jp/
印刷・製本　三松堂株式会社

ISBN 978-4-86064-634-9 C0025　　編集担当　森 岳人